一页 folio

始 于 一 页 ， 抵 达 世 界

没有魔法宫

帝国的终结与
联合国的思想源起

[英]马克·马佐尔 著 朱世龙 译

广西师范大学出版社

GUANGXI NORMAL UNIVERSITY PRESS

· 桂林 ·

图书在版编目(CIP)数据

没有魔法宫: 帝国的终结与联合国的思想源起 /
(英)马克·马佐尔著; 朱世龙译. --桂林: 广西师范
大学出版社, 2022.5
　书名原文: No Enchanted Palace：The End of Empire
and the Ideological Origins of the United Nations

　ISBN 978-7-5598-4816-1

　Ⅰ.①没… Ⅱ.①马…②朱… Ⅲ.①联合国-研究
②国际关系-研究 Ⅳ.①D813.2②D81

中国版本图书馆CIP数据核字(2022)第044513号

著作权合同登记号桂图登字：20-2022-037号

MEIYOU MOFAGONG
DIGUO DE ZHONGJIE YU LIANHEGUO DE SIXIANG YUANQI
没有魔法宫：帝国的终结与联合国的思想源起

作　　者：[英]马克·马佐尔
责任编辑：谭宇墨凡
特约编辑：任建辉

广西师范大学出版社出版发行

　广西桂林市五里店路9号　邮政编码：541004
　网址：www.bbtpress.com
出 版 人：黄轩庄
全国新华书店经销
发行热线：010-64284815
北京九天鸿程印刷有限责任公司
开本：860mm×1092mm　1/32
印张：8　　　字数：110千字
2022年5月第1版　2022年5月第1次印刷
定价：68.00元

如发现印装质量问题，影响阅读，请与出版社发行部门联系调换。

目 录

没有魔法宫：被重重误解包裹的联合国

确实，我们不能说我们的工作是完美的，也不能说我们已经为和平创造了一个牢不可破的保证。因为我们建造的宫殿不是通过魔法触碰或隐秘力量就能"立刻显现"的魔法宫。但是我确信，我们已经锻造了一种工具。如果人们真的渴望和平，并准备为此作出牺牲，他们就可以通过这种工具找到赢得和平的方法。

——英国驻美大使兼英国代表团代理团长

哈利法克斯勋爵讲话，1945 年 6 月 26 日，旧金山

"联合国的历史已翻开新的篇章。"联合国时任秘书长加利充满信心地宣布道,以表示对冷战结束的欢迎,并称赞其为联合国带来的"难得机会"。超级大国之间长达数十年的对峙已将该组织边缘化,而苏联的解体虽然给联合国带来了挑战,但也赋予了它新的意义。现在,它不仅可以扩大自己的维和作用,而且在派遣维和士兵时可以更加强势。它不仅可以在安置来自战乱国的难民方面,还可以在促进政治和解、重建官僚机构和监督选举方面发挥积极作用。联合国还肩负着监督全球社会经济发展、为世界贫困地区提供援助和发展建议的使命。而且只有联合国才能合法地代表全人类来强势地捍卫人权,干预成员国事务。在 1992 年的《和平议程》中,联合国自信地宣称:"本组织的作用绝不能再像过去那样被严重削弱。"[1]

这是一个新的奠基时刻所怀有的梦想——仿佛世界将时钟拨回到充满希望的 1945 年。然而,这样的机会如果真的存在的话,也几乎是稍纵即逝。无论是巴尔干半岛和非洲的内战,还是 1994 年发生在卢旺达的种族灭绝,都激起了批评人士对联合国无能的愤怒。自那以后,旨在改革该组织的一系列高级别倡议均遭搁浅,而联合国各层级内部也暴露出新的、此前无法想象的腐败问题。在克林顿政府的推动下，北约在没有安理会批准的情况下轰炸了科索沃，开创了以人道主义干预为名绕过联合国对主权国家进行武装干涉的先例。进入新的千禧年后，小布什政府提出了一种国家安全学说，主张发动先发制人的战争，这标志着对联合国赖以建立的基本原则的毫无掩饰的否定。早在里根执政期间，美国就已经削弱了与国际法院的联系；而现在，它对新的国际刑事法院置若罔闻，并破坏国际军控机制以及为达成一项具有法律约束力的生物武器协议所作的努力。尽管在袭击伊拉克（主要是为了帮助其盟友英国政府）之前，美国对联合国口头上表示支持，但小布什总统几乎毫不掩饰对它的蔑视：很明显，无论联合国说什么或做什么，战争都会继续。但是，因此对联合国失去信心的不仅是华盛顿的单边主义者。世界上绝大多数反对侵略的国家也认为联合国失败了，因为它未能捍卫多边主义和集体安全原则。有一点是明确的：联合国曾被寄予厚望，要成为全球新秩序的核心，但现在，这种期望已完全落空。[2]

今天，改革联合国的提议不绝于耳。一些人希望联合国提高效率,以便对"流氓国家"*和其他国际上的不法分子尽快采取军事行动。他们设想,也许可以扩大安理会成员构成、削弱常任理事国的否决权、重新组建联合国军事人员。另一些人则认为,它应该对成员国侵犯人权的行为采取更为强硬的立场,并在为时已晚之前,在世界上树立某些价值,例如自由和民主。还有人呼吁它促进所谓的"人类安全",这是一个结合了发展目标和权利的概念,强调公民受到本国政府迫害时,联合国有权利出于保护的目的进行干预。然而,因为联合国已经在背离初衷的道路上走得太远,人们普遍怀疑任何改革能恢复它在国际事务中的中心角色。虽然基本上几乎没有人认为,如果联合国消失了,世界会变得更美好(尽管美国的一个保守派智库确实在 1984 年发表了一份题为《没有联合国的世界:如果联合国停止运作会发生什么》的研究报告),但也很少有人对它充满信心。一些有影响力的外交政策专家讨论过这种可能

---

* "流氓国家"(Rogue state)这一概念最早是 1994 年,由克林顿的国家安全顾问安东尼·雷克在《外交事务》杂志上阐述的。自 2000 年开始,美国国务院不再使用该词,而是替代以"受关注的国家"(States of Concern)。

性：当联合国在安理会受到威权国家阻挠，在联合国大会上受专制势力影响而陷入僵局，无法采取行动来支持他们所谓的"民主和平"时，可以建立一个民主国家联盟替代联合国解决问题。[3]

这场讨论关乎联合国未来在国际体系中的地位。但它不可避免地依赖于对过去的理解。事实上，当前这种幻灭感的强烈程度与一种绝望感——即联合国实际发挥的作用离它的缔造者所设定的标准相差太远——密切相关。联合国秘书长加利辩解说，他在 1992 年为联合国规划的宏大愿景，只是对《联合国宪章》最初设想的……崇高目标"的迟到的实现。批评者们同意他的说法。一位评论员为美国 2003 年春进攻伊拉克的政策辩护时说，联合国的规则早已被搁置一旁，"多年来都没有执行过"。他接着说，国际体系的发展只会让联合国逐渐变得无关紧要，或者至多是"一瘸一拐"。小布什政府的态度更加冷酷刻薄。它预见到，联合国如果不能对萨达姆采取强硬态度，将会变得完全无足轻重，就像两次世界大战之间的国际联盟（下文简称"国联"）那样。布什政府声称，入侵伊拉克是要提醒全世界，1930 年代的埃塞俄比亚危机，甚至慕尼黑阴谋，都可能再次发生。[4]

　　然而，整个辩论所隐含的对历史的理解幼稚得惊人。无论支持者还是批评者，他们对联合国的过往所作的大量假设，都是基于对联合国基本文本的粗略解读，很少有人认识到这些文本在起草过程中伴随着复杂的动机。即便是现有的学术论述也受到污染，它们在解释这些文本是如何出现时，带着格外强烈的一厢情愿，就像在作特别辩护。于是，国际主义通常被描绘成积极的东西，全球化被描绘成现代历史的潮流。它们的指导性假设似乎是，无论通过国家或非国家行为体的行为，还是通过由公正且高尚的公务员组成的国际组织的工作，某种全球共同体的出现不仅是可取的，而且是大势所趋。[5]

　　这种偏爱是有充分理由的。多年来，研究战后国际秩序的历史学家们完全忽略了联合国这个主题；尤其是对研究冷战和美国外交政策的人来说，联合国似乎与历史叙事的主线无关。[6] 让这个问题重新成为焦点的，首先是老布什总统在冷战结束时所宣布的"新世界秩序"，然后是他儿子的外交政策在知识界引发的震惊反应，这种反应来得更为紧迫，而且其精神底色已截然不同。在所有人中，尤其是小布什迫使许多历史学家试图证明联合国为何重要，或者至少，为何曾经对美国如此重要。因此，他们觉得自己有责任讲述美国历史上的国际主义政治家和有远见卓识的多边主义政治家们，以此批评小布什内阁中的民族主义伏尔甘*。他们通常认为，富兰克林·罗斯福在 1940 年代初为美国获得全球领导地位铺平了道路，并推行了正确的美国价值观以获得国际支持。因此，要为当前汲取有价值的教训，就必须强调 21 世纪初狭隘的单边主义者与 1945 年明智审慎的国际主义者之间的差别。很快，故事的主角就变成了那些远见卓识者和英雄，他们给我们这个乏味且承平日久的时代带来了灵感：埃莉诺·罗斯福、拉斐尔·莱姆金、勒内·卡森（Rene Cassin）以及联合国（尤其是人权机制）的其他主要缔造者如今经常被用来提醒人们，个人的投身和行动主义可以取得怎样的成就。[7]

乌托邦是不容忽视的，而联合国及其前身国联等国际机构所具有的乌托邦主义性质，当然是它们吸引力的一个重要方面。乌托邦主义给了它们能量和支

---

* 伏尔甘是罗马神话中的火与工匠之神，长得极为丑陋，不过他冶炼出的神器代表了诸神的权力和职责。所以在西方，伏尔甘被视为象征权力的神。

持，在某些情况下，还提供了宝贵的政治资本。但是，历史学家把作为研究对象的乌托邦主义与他们自身的乌托邦主义混为一谈时，就很容易误入歧途。把自己想要的东西回溯性地硬加到历史中是一种由来已久的做法，今天的人权活动人士和人道主义干预的倡导者并不是第一批这样做的。但过去几年出现的一批文献，对联合国成立的目的给出了非常片面的看法，并归纳出缔造者从未追求的期望。其结果甚至可能加剧了这个世界组织所面临的危机，遮蔽而不是彰显了它的真正成就和潜力。

这时，我们就需要更为批判性地审视联合国缔造者的实际想法，而不是想当然地认为联合国是如何开创的，或者它将成为什么。当我们把视线转回到 1940 年代时，我们应该保持警醒。因为我们发现，与当下历史学家倾向于表达的看法相比，当时的评论人士对这个新世界组织的看法更为谨慎。事实上，许多人在 1945 年旧金山召开的成立大会上选择了离场，因为他们认为自己被要求签名加入的世界组织充满了伪善。他们认为，大会关于普遍自由和权利的言辞过于偏颇，只是大国理事会用来加强自身的幌子。对于理应如何治理世界上的穷国和弱国，它的专横态度与轴心国集团的没什么两样。内部人士彼此交流时则谨慎地吐露不同观点，或将其隐秘地记在日记里。时任政府文官的英国历史学家查尔斯·韦伯斯特深度参与了《联合国宪章》的起草工作，在他看来，这是"一个披着普世组织外衣的大国联盟"，其主要成就是改善了调节大国关系的机制。韦伯斯特的上司格拉德温·杰布不无讽刺地称赞他的美国同事，说他们有能力"欺骗"旧金山的人权活动人士，让他们以为"自己的目标已经在宪章中实现了"。正如我们将看到的，这只是故事的一半：因为这些大国很少团结在一起，它们过去不会，现在也不总能随心所欲。但这是对过去几年一厢情愿的历史分析的一种有价值的纠正。[8]

任何将今天的关切回溯性地硬加到联合国建立过程中的尝试，其影响都是深远的。文本不会为自己说话，像联合国的原始文件这样存在激烈争议的文本当然也不会。人们可以认为，《联合国宪章》（特别是其序言部分）和《世界人权宣言》《防止及惩治灭绝种族罪公约》，都是为了证明在反纳粹斗争中建立起来的新世界秩序的根本必要性。或者，可以把它们解读为联合国缔造者从未打算兑现的期票。它们的多义性不应被忽视。事实上，最近的一些具有新理想主义的史学评论者指出，试图将我们目前的人道行动主义（humanitarian activism）的根源追溯到1940年代中期是完全不可信的，因为当时的主要决策者谈论人权，经常是为了什么也不做，避免作出严肃的干预承诺。布莱恩·辛普森的研究表明，一个强有力的人权机制最初不是通过《世界人权宣言》和联合国，而是通过后来以区域为重心的《欧洲人权公约》才出现的。塞缪尔·莫恩认为，现代人权运动最早不能追溯到1970年代以前。我也曾在其他地方说过，联合国早期的人权修辞掩盖了这一事实，即三大国有意放弃对迥然不同的人权机制作出认真且具有实质内容的承诺。对很多人来说，人权意味着很多事情。不过想一想，在起草《联合国宪章》激动人心的序言中厥功至伟的南非总理扬·史末资是白人移民民族主义这一理念的设计者，我们当然有必要谨慎行事，不要让我们自己的希望和梦想过于依赖我们所讲述的关于过去的故事。[9]

这并不是说，只有历史学家未能持平审视联合国创建背后所具有的思想和意识形态的复杂性。国际关系学者甚至要更失职。也许这是因为，在最基本的方法论层面上，他们急于证明自己的学科是一门独立学科，能够产生关于世界政治的普遍理论。对科学的羡慕导致他们将博弈论和理性选择理论的抽象概念理想化，并贬低意识形态的作用。本书的目的不是要探讨智识贫乏的后果，故对此不作赘述。需要牢记的是，如果依照这种方法，就不可能在世界事务中认真对待思想和哲学之争，例如20世纪中叶纳粹主义与自由民主主义之间史诗般的斗争，好像就可以基于成本-收益风险分析来加以解释。

　　但问题还不止于此。从一开始，国际关系专业学科在1940年代以现实主义学说的形式出现，就是致力于反对国际主义者不切实际的抱负。当时的评论家们，像沃尔特·李普曼、乔治·凯南、汉斯·摩根索，都持批评态度，认为建立一个世界组织的想法无异于天方夜谭：就像今天的一些左翼评论家，他们认为联合国最多不过是一个谋求大国利益的合法机构。当然，认为联合国是出于大国政治的目的而设计，而且很大程度上是作为大国政治工具而运作的说法，具有很大的合理性。然而无论如何，这并不是故事的全部（丘吉尔倒是希望这样来着，但他得失望了）。更抽象地说，即使这是真的，仍然有必要弄清楚，为什么某些大国在历史上的某个时刻，会以需要成为世界机构成员的方式，来界定自己的安全需要。[11]

1970年代，随着布雷顿森林体系的崩溃和美国霸权的削弱，国际关系学科开始更加认真地看待国际组织。一种新的方法——在贸易中被称为新自由制度主义——分析了诸如国际货币基金组织、世界银行和世界贸易组织等机构为成员国所做的工作，并讨论了它们在多大程度上为美国领导下的战后资本主义复兴提供了支持。因此，尽管出于上述原因，学者们通常是基于讨价还价的行为体之间的"偏好"，而不是通过分析意识形态或文化背景下的多边主义思想或哲学来解释国家行为，但他们现在确实解释了为什么国家可能会选择多边政策而不是单边政策。与前面提及的后"9·11"时代的历史学家们颇有些相像，他们的目标是要证明，小布什政府所追求的单边主义与战后美国外交政策中理性的多边主义传统格格不入。从我们的角度来看，虽然这类学术研究旨在向美国决策者和其他读者展示国际制度为何能带来"真正"的收益，但它们很少以联合国作为具体研究对象。它们根本不认为联合国是一个举足轻重的机构。2009年初被奥巴马任命为国务院政策规划司司长的政治学家安妮·玛丽·斯劳特提出，政府和非政府组织的跨国接触（而不是联合国）构成了真正的"新世界秩序"，她甚至期待一个"没有中心化的全球机构的全球法治"秩序。[12]

对联合国的一些疑虑，也许源于美国自由主义者对其意识形态多样性的不信任。在联合国，独裁者可能与民选政客勾肩搭背，威权主义者可能与自由主义者、社会民主主义者站在同一条战壕。在一个关注人权普世化的时代，这种的多样性不会给他们留下正面的印象。社会科学越来越多地使用一种经过过滤的语言，通过运用诸如治理、最佳实践和管理主义等概念，避免公开提及政治，但这几乎无法掩盖作者根深蒂固的价值判断。所谓的民主和平论（基于这样一种论点，即民主国家之间一般不会发生战争）反映了一种当代共同的规范取向，于是自由主义俨然成了能够应对现代世界挑战的唯一具有政治合理性的形式；人们援引康德的观点（虽然密尔是真正的鼻祖），主张通过民主国家的联合来传播和平——也许对某些人来说，还要把民主传播到全球。在这种脉络下，美国的自由主义被呈现为非暴力的和实用主义的，不含任何意识形态成分，而且令人欣慰地与自由主义在帝国和统治方面的更具胁迫性的遗产分离。用政治学家约翰·伊肯伯里的话来说，"说到底，相比统治世界，美国人更感兴趣的是创造一个有规则的世界"。更重要的是，历史站在他们一边，因为"通向现代性的道路最终只有一条，而且其根本性格是自由主义的"。奥巴马的美国也许包含了与小布什的美国截然不同的价值观，但无论如何，在一些著名的外交政策理论家看来，它仍然体现着世界精神（World Spirit）。[13]

因此，尽管多边主义和民主凝聚力是超越了美国两党分歧并广泛传播的国际主义理念，但它们远未促成美国人与联合国和解，反而引发了对其价值的进一步质疑，因为今天的联合国与任何一种促进人权的民主国家联盟模式都相去甚远。我们可能会争论，让世界"因民主而安全"（由伍德罗·威尔逊总统提出的著名观点）的愿望到底是被小布什的单边主义所实现，还是被否定。不过，即使是持后一种观点但仍然相信国际机构价值的人，也认为联合国在输出自由方面的表现相当糟糕。而且无论如何，所有这些用伪历史和伪科学术语表达的论争，关乎的是美国外交政策应该走向何方。至于联合国的意识形态起源，它提供的信息太少了。[14]

　　要了解这一起源，显然可以从威尔逊主义出发，这也是现代国际主义思想标准解释的首个停靠港。然而，我们不应要求威尔逊在他死后为另一个更好的美国承担太多责任。正如我下面所说的，威尔逊期待建立一个国际"权力共同体"，但他缺乏与他的国际地位相称的能力，来为此制定一个精确的计划。他的目标是建立一个新的世界民主秩序，还是说他主要关心的是为欧洲带来和平所必需的东西？他是否认为民族自决在全球适用？如果是，什么时候适用？对于美国既存的明确可辨的国际主义流派，无论是激进的和平主义者、西奥多·罗斯福强有力的帝国主义教化使命（civilizing mission），还是通过国际法进行仲裁的理念，威尔逊都倾向于忽视（同时代的复兴主义者也是如此），再加上他自己思想中的模糊性（可能是有意为之），当然也就允许之后的评论家们在他的各种声明中进行挑选来回答上述问题。[15]

　　我想指出的是，在国联的创立以及由此而来的20世纪整个世界机构体系的形成过程中，对威尔逊来说很重要但无疑较少得到重视的英国帝国主义思想，至少与威尔逊一样重要。19世纪晚期，美国还只是世界第二大国，英帝国才是世界霸主，也是国际组织思想得以生发的一个关键所在。下文所提供的只是对一个论点的概述，其目的当然不是完整地讲述国联或联合国的意识形态起源，而是要提供这个故事中被忽视但很有价值的，在某种程度上甚至可以说是决定性的一部分——既然世界史对国联和联合国的兴趣更多在于，它们的影响和参与在多大程度上导致了帝国的终结。

具体来说，本书挑战了两个相互关联的历史公设。其一，联合国起源于第二次世界大战，与战前失败的国联没有任何明显关联——就像阿芙洛狄忒[*]一样纯洁无瑕。其二，联合国的成立主要是美国的事情，在为此展开的公开辩论和私下讨论中，其他国家几乎没有发挥作用。相反，我认为，联合国本质上是由国联开创的世界组织发展史的新篇章，并通过国联同帝国问题以及英帝国尤其在最后几十年的全球秩序构想联系在一起。

尽管无论在"二战"期间或是战后，联合国在许多方面都是国联的延续这一点永远不会被公开承认

---

[*] 古希腊神话中象征爱与美的女神。

（因为到 1930 年代末，国联已经变成了政治毒药），但这就是事实。1942 年春，美国国务院官员在开会勾画这个战后新组织的轮廓时，发现史末资 1918 年概述国联的小册子"出人意料地契合当前的情形"，而许多相关专家，如地理学家以赛亚·鲍曼、国际委任统治问题专家本杰明·格里克，都曾深度参与那项早期实验。和平组织问题研究委员会（CSOP）是一家具有影响力的美国智囊团，在帮助华盛顿起草战时战略构想方面发挥了重要作用，它基本上是由与国联协会（LNA）关系颇深的威尔逊国际主义者在 1930 年代末建立的。CSOP 成员之一约翰·福斯特·杜勒斯习惯了美国讨论国联问题时的热度，跑到战时的伦敦却发现那里"几乎没有人考虑恢复国联"。但事实并非如此；在白厅提议建立一个新的世界组织的决策者中，有许多参与过国联的建立。查尔斯·韦伯斯特在 1946 年伦敦大学学院的克赖顿讲座中指出，国联的先例"主导了所有关于《联合国宪章》起草的讨论"。[16]

因此，"二战"后联合国的情况与当时流行的任何一种可供选择的模式都没有相似之处，就不足为奇了。它既不是强大的区域理事会体系，外加由罗斯福设想的"四警察"管理的小型协调中心，也不是由具有公民意识的人权活动家或技术官僚运作的世界政府，更不是被一些人玩弄于股掌的民主国家联盟。大体上来说，它是对国联的"回锅"（warmed-up）——一种由国家组成的协会，其主要新颖之处在于优先考虑韦伯斯特 1944 年提出的原则，即"美国和苏联加入一个永久性组织，比该组织的具体形式更重要"。在敦巴顿橡树园会谈之后，《纽约时报》称赞"被称为联合国的国际组织，是对国联理念的回归"。[17]

联合国与国联的主要区别在于，它采取了必要措施来促使三大国在和平时期保持战时的同盟关系，其结果是授予了三大国和安理会其他常任理事国以否决权。当然，由此也产生了重要的后果。一方面，大国更愿意支持联合国，因为联合国对他们束手无策，另一方面，出于同样的原因，大国也更倾向于忽视它。此外还有其他的不同，比如联合国放弃了集体权利概念，更加尊重民族，越来越怀疑国际法是文明的不偏不倚的表达。但是国联和联合国确实十分相似。因此可以理解的是，作为美国国会中联合国的主要支持者，参议员阿瑟·范登堡把后者称为"一个新的国联",而莫里斯·汉基这位也许是20世纪上半叶英国最有权势的政府文官,将1943年的《莫斯科宣言》*描述为听起来"非常像国联"。[18]

至于美国在联合国建立过程中的中心地位,也是一种视觉假象。这并不是说,华盛顿不是战争期间联合国创建的驱动力,毕竟当时无论白厅还是莫斯科都近乎没有参与,作用也不甚重要:当时丘吉尔仍在考虑通过强制裁军实现欧洲稳定的问题,而莫斯科出于维护大国相互理解的动机,大体上跟随英美的领导。因此,一些权威著作自然而然地将战时关于战后政策准备的历史追溯至美国,并证明了美国文官为使这个新的世界组织正常运作所付出的精力和努力。但是,如果我们同意,美国的规划者们在"二战"中的大部分努力基本上都是在修改国联体系,如果我们还记得,美国怀抱国际主义信念的政策制定者级别都不高,他们的许多建议都遭到了罗斯福和杜鲁门的忽视或否定,从未产生什么效果,那么,

---

* 这里的《莫斯科宣言》指的是1943年10月30日中、苏、美、英四国在莫斯科发表的《普遍安全宣言》。该宣言提出有必要建立一个普遍性的国际组织。

我们就需要追溯到更久远的过去，以理解我们最终抵达的地方。于是，作为 20 世纪早期国际主义的一个关键部分，英国帝国主义进入我们的视域。联合国后来对反殖民主义的支持往往掩盖了一个尴尬的事实：就像国联一样，联合国是帝国的产物，事实上，至少在一开始，那些拥有殖民地的国家认为这个差强人意的机制不过是用来捍卫帝国利益的。简言之，联合国是进化的产物，而不是革命的产物，它源于当时既有的思想和制度，以及由战争（两次世界大战以及更早的布尔战争）所揭示的这些思想和制度的成功和失败之处。因此，要理解联合国是如何发源的，我们不需要从华盛顿，当然也不需要从 1940年代初，而是需要从 20 世纪初在世界头号强国英帝国的中心发生的有关国际秩序、共同体和国家的辩论开始。[19]

正是从这样的视角出发，本书对联合国的意识形态史前史和战后世界秩序进行了一系列探讨。如果要全面研究围绕联合国的诞生的战时计划和外交，或者要研究这个世界组织本身的制度史，读者应该去查阅其他文献。接下来，我将探讨一些关键人物和他们的思想。本书的开头与结尾是关于两位英帝国晚期杰出政治家的研究，他们是南非的史末资和印度的尼赫鲁。他们在联合国的经历诠释了帝国国际主义（imperial internationalism）理念的兴衰，这一理念在布尔战争后由史末资明确表达，在1946年至1950年代中期的一系列政策行动中被尼赫鲁彻底摧毁。除了上述两人，本书还研究了两位处于第二梯队的思想家，他们的著作明确地阐述了他们所处时代的许多假设，并揭示了其中的一些矛盾之处。其中一位是阿尔弗雷德·齐默恩，他可能是两次大战期间最为著名的国际主义理论家，其职业生涯跨越从布尔战争到美国在朝鲜战争中部署联合国军的漫长时期，对于国际事务，他都从自由主义立场作出反应，其思想恰恰例示了为什么支持国际合作的自由主义者往往对国际合作的结果大失所望。另一章聚焦于1940年代中期，探讨了两位犹太社会科学家——律师拉斐尔·莱姆金和人口学家约瑟夫·谢克特曼（Joseph Schechtman）在战时的思想，以表明他们对战争的分析如何促成战后对民族自决、国际法和少数民族权利的态度发生巨大转变，并且在这个新的世界机构的行动中得到反映。这些把外交同思想文化史联系起来的研究，旨在帮助读者勾勒出一种有别于与我们惯常的观点，去看待联合国的形成。

＊＊＊

我的出发点是这样一个问题：如何理解南非政治家史末资帮助起草了《联合国宪章》激动人心的序言这一事实？这个新的世界机构对普遍权利的承诺，怎么可能仅仅归功于这样一个人，他在国内实施的隔离政策可是为南非形成种族隔离国家铺平了道路？可以说，倡导种族优越论、认准非洲大陆应由白人统治的史末资，给"二战"结束时新成立的联合国组织蒙上了一层神秘的阴影。然而，当时只有极少数人注意到这一点。资深的非裔美国活动家 W. E. B. 杜波依斯就是其中之一，他早些时候曾抨击史末资造成了"现代世界最严重的种族问题"。[20] 但其他人几乎没有感到任何尴尬，史末资自己当然也不会。他是国际组织理念的狂热支持者，也是联合国的信徒。

他之所以具备上述思想特征，是因为多年来他一直在思考如何使民族主义与更广泛的国际情感、忠诚和利益联系相兼容。他在建立新南非的过程中发挥了至关重要的作用。考虑到 18 世纪末北美殖民地的分裂方式，并希望将其他白人移民殖民地（尤其是他自己领导的南非联盟 *）置于英帝国怀抱的安全范围内，史末资和英帝国的其他理论家转向联合体（commonwealth）† 概念，设想了一种为了共同的民主事业而将各民族国家连成一体的方式。在他看来，南非需要留在英帝国内部，不仅是为了自身的安全，也是为了履行其在黑暗大陆（Dark Continent）传播文明的使命。联合体的构想不仅为实现这一目标提供了模板，而且提供了一种设想新的世界组织的方式。

随着英国参加"一战"并努力获得美国的积极支持，帝国的自身利益被移植到了威尔逊的修辞之中。史末资成为战时主要的国际秩序理论家，在国联的形成以及促成威尔逊与白厅的协议方面发挥了不小的作用。他坚信白人种族优越论，认为国际组织应确

---

* Union of South Africa 通常译为"南非联邦"，考虑到本书语境，处理成"南非联盟"，1910 年 5 月 31 日由开普殖民地、纳塔尔殖民地、德兰士瓦和奥兰治自由邦组成。

† 为了与 federation（联邦）区分，本书中的 commonwealth，除特指英联邦之外，均处理成"联合体"。

保白人继续领导世界（而不是像后来罗斯福的战争部长亨利·史汀生那样寻求捍卫"欧洲的白种人文明"）。国联本身是一个典型的维多利亚时期的机构，以大国理论上的优势为基础，不仅是通过利用国际法实现全球教化使命的工具，也是巩固英帝国的世界领导地位及其与美国的伙伴关系的手段。1930年代国联崩溃后，确保美国再次加入一个类似的组织成为英帝国的首要任务。因为联合国除了帮助英帝国在非洲继续其教化使命，还将拥有美国和苏联作为成员国，这意味着它比国联更为进步。史末资对此感到满意。在他心中，没有丝毫迹象暗示英帝国即将解体；法西斯军国主义被打败时，由于联合国的成立，一个民主的帝国秩序得以保留下来。于是，教化和管理低等种族的工作将会继续下去。[21]

史末资的言论充满了他那个时代（更不用说我们的时代）特有的道德正义感。事实上，正是对更高道德的呼吁，构成了他对《联合国宪章》序言的主要贡献。在第二章中，我将认真对待这种道德说教，并追问其背后的观念模式，因为最初的英国国际主义和后来的美国国际主义的一个基本特征，就是有力地且普遍不自觉地援引权利语言（language of right）。在这个问题上，有许多思想家的观点值得探讨。第二章聚焦的是其中的一位，即阿尔弗雷德·齐默恩，这位古典学者、政治理论家也是战时白厅国联蓝图的起草者。通过他的观点，我追溯了这种"国际意识"（international-mindedness）如何产生自一种主要是伦理性的共同体概念，它更相信教育以及通过法律或制度促进人的思想和灵魂的转变。齐默恩自然地将古希腊、黑格尔和世俗化的基督教思想融为一体，将自己的信仰寄托在"文明"和英国自由主义价值观上，拒绝相信良善的人可以作出其他意识形态选择。但这场关于未来的赌博，因法西斯主义的兴起而宣告破产。两次世界大战期间的欧洲危机向齐默恩表明，英国的世界领导地位注定要衰落。于是，他以及其他志同道合的人转向华盛顿，想培养大西洋对岸这个年轻的民主国家担负起新的全球责任。齐默恩告诉美国人要把自己视为自由世界的领袖，把联合国视为实现这一更加伟大的目标的工具。在促成此事的过程中，他也有所参与。第二次世界大战前，他是国联下面的国际智力合作研究所的重要人物。1945年，他在联合国教科文组织的成立中发挥了短暂但关键的作用。那些相信思想和教育力量的人士希望联合国教科文组织能创造一种国际意识，在 1945 年之后拯救文明，并为"道德重整"作出贡献，以便从新的极权主义敌人手中拯救自由价值。但联合国并不是为这样一个目标而设计的，齐默恩在联合国教科文组织的位置被生物学家朱利安·赫胥黎取代就是一个迹象，表明他对以维多利亚时代精英阶层价值观为基础的"文化"概念的呼吁，在联合国内部已经被对另一种普世主义（universalism）模式的支持所超越，而这种模式的基础是跨越冷战的意识形态边界，利用科学为全体人类服务。齐默恩的道德普世主义一开始让他倾向于相信国际机构，但最终却让他失去了耐心，就像今天他的一些美国政治后裔。[22]

"二战"之前，帝国国际主义是在一个视帝国的持久性为理所当然的世界里表达出来的，当时非洲或亚洲的民族主义者很少——如果有的话——真正地主张独立。国联将威尔逊所谈论的民族自决的适用范围几乎完全限定在欧洲，并允许获胜的欧洲帝国将它们的非正式领土延伸到其他地方。1940 年代，帝国国际主义虽然没有立即消失，但实现的可能性开始急剧降低。由于与德国、日本的斗争削弱了英国和其他欧洲帝国的实力，世界领导权转移到了美国手中。在与纳粹的战争中，犹太人的命运是人们关注的核心，战时关于这个民族群体命运的争论显示了人们态度的转变。对于个人和群体来说，没有国家归属存在严重危险，犹太人是最典型的代表，美国关于他们战后命运的辩论显示了人们对于民族的看法是如何改变的。1919 年，对东欧少数民族困境的担忧促使国联建立了少数民族权利保护制度。国联对新国家的承认取决于这些国家自己的承诺，即正确对待少数民族，并依据受国联监督的国际法赋予他们新的权利。"二战"期间，这一制度被断然拒绝了。纳粹的"新秩序"破坏了它，造成了需要全球共同应对的难民危机。而英国因为坚持在巴勒斯坦的委任统治并承诺限制犹太移民，将解决难民和无国籍人士问题的领导权推给了罗斯福总统，后者一直认为，世界人口危机是战争蔓延的深层原因。

　　第三章探讨了这个问题。该章关注拉斐尔·莱姆金和约瑟夫·谢克特曼这两个犹太流亡者，并考察了他们对战后犹太人命运及其国际影响的反思。他们对纳粹占领时期的研究可能是最杰出的，但在更广泛的问题上，他们却得出了截然相反的结论。问题在于，是要像莱姆金所希望的那样，恢复少数民族的权利，并通过国联的继承者尽可能扩大国际法律的保护范围，还是向另一个方向发展，即完全停止干涉成员国内政，并且如谢克特曼在他对强制性人口流动的研究中所暗示的，为了带来稳定，可以将少数民族连根拔起。因此，今天的联合国改革者所称的"保护权"一开始就摆在了桌面上，并且实际上已经成为国联工作的核心部分。然而在1945年，它被拒绝了：主张少数民族权利的人在争论中失败了，而且正如东欧和巴勒斯坦发生的事情所表明的，少数民族在联合国得到的保护将少于他们在国联下得到的保护。莱姆金在1948年参与制定的《防止及惩治灭绝种族罪公约》通常被誉为向前迈进了一大步，但事实上，它是对国际法拥有更重分量的过去的最后一次屈从。联合国在捍卫国家主权方面比国联更加坚定，而《联合国宪章》中严紧的国内管辖权条款，正如当时的反对者所指出的，使得"未来再出现对犹太人的迫害时处理起来要更加困难"。或者，其他少数民族被迫害时也是如此。将民族自决视为一项权利，不仅是一种民族解放的学说，也是一种践踏其他民族权利的学说。[23]

因此，东欧的少数民族消失了，并且由于数百万人背井离乡，该地区各国在种族上变得更加单一。民族自决原则也延伸到了欧洲之外。1947年，联合国大会以微弱优势通过巴勒斯坦分治决议，批准建立一个犹太民族国家。但这仅仅是个开始。20世纪五六十年代，民族自决原则以惊人的速度向全球传播，联合国从帝国的工具变成了反殖民运动的论坛。作为国联的设计者和《联合国宪章》序言的起草者之一，史末资突然发现，这一戏剧性转变让自己很是挫败。早在1946年，南非就因其境内印度裔少数民族的处境而受到指控，联合国大会支持印度的诉求，要求南非对其政策作出解释。南非声称，这些问题不属于联合国的关注范围，但联合国并未理会南非的主张，反殖民主义取得了胜利。结果是，殖民地世界第一次对种族等级制和欧洲统治的原则提出断然反对。

联合国大会对印度代表团的支持，不仅使南非感到震惊，同时也表明，尽管还处于萌芽阶段，但这个新的世界组织有可能成为一个与战时大国设想的截然不同的组织。既然不受法律考量的约束——旧金山会议已然决定，国内管辖权条款的范围不必由国际法决定——联合国大会标志着政治对法律的胜利。（1947年联合国大会决定不让国际法院裁决巴勒斯坦的命运，遵循的是同样的逻辑。）无论美国人还是英国人，都不希望南非人受到任何批评；然而，由于被夹在相互竞争的国际支持者中间，他们无法阻止这种批评的声音出现。[24]

印度在1946年的胜利是真实的，却是一把双刃剑。一方面，它标志着当时所谓的"亚洲"的崛起。但另一方面，它对南非本身毫无影响，这再次提醒人们，这个新国际组织的运行虽然变得灵活，但可能无法回应人们寄予的全部厚望。1948年，随着民族主义者在南非掌权，南非所有非白人的处境变得更加糟糕。事实证明，面对安理会的抵制，联合国大会几乎无能为力。

还有一点也要记住。一旦国家赢得独立，反殖民主义和反种族主义很快就会丢掉他们之前的激进锋芒，经常成为现状的捍卫者。例如，印度政府便将像之前的南非政府一样，强烈抵制联合国对其内政的干预。随着时代的发展，联合国职能的扩展比缔造者想象的更快、更深入。尽管如此，它仍徘徊于两大职能之间：大国的清谈俱乐部和世界各地民族自决的支持者。联合国最初是一种在民族主义日益兴起的时代保卫和调节帝国的机制，如今却变成了一个由民族国家组成的全球俱乐部，除了防止下一场世界大战爆发这一几乎被遗忘的目的之外，没有任何实质性的战略目的。联合国一边完整地保留着上一场世界大战结束时的权力格局，一边寻找着一个更适合当前实际需要的政治理由（political raison d'être）——到目前为止，这种努力只是徒劳。

第一章

扬·史末资和帝国国际主义

"二战"行将结束时，由战胜纳粹的三大国牵头，五十个国家的代表齐聚旧金山，讨论建立联合国这一永久性的和平时期组织。作为会议上最年长的代表之一，南非总理扬·史末资元帅在与会者中比较独特，因为二十多年前在建立国联的过程中，他发挥了核心作用。现在，像其他人一样，他下定决心，要让这个新组织不再重蹈国联的覆辙。希特勒自杀后的第二天，即5月1日，史末资在旧金山歌剧院庄重地呼吁与会代表："对人类来说，生死攸关的时刻已经来临。人类已来到通向其作为文明世界的未来的命运转折点。"他认为，必须"终止对死亡的朝圣"，战争的胜利才算圆满，而另一种恐怖到难以想象的可能是第三次世界大战。他赞扬了国联，批评了"贬低甚至嘲笑它的风气"，但他强调，七个月前在敦巴顿橡树园起草《联合国宪章》初稿的那些人，受到了"现实主义精神"的鼓舞。承认大国的特殊责任是合理的，正如他们所做的，并且他们采取一切必要措施以确保大国支持这个新的世界机构的做法也是正确的。史末资只有一条保留意见："新的《联合国宪章》不应该仅仅是一份防止战争的法律文件"，它应在一开始就包含一项宣言，阐明盟国人民在长期艰苦卓绝的斗争中所坚持的崇高价值。这首先是一场道德斗争，是一场基于"对正义的信仰和维护人类基本权利的决心"的斗争。他雄辩滔滔地总结道，进行反纳粹主义的战争"是为了永恒的价值，这些价值支撑着人类的精神向着光明的方向奋斗"。[1]

我们将看到，这个总结符合史末资长期以来对国际事务中的法律主义（legalism）的怀疑，也符合他与之前许多支持国联的人的共同信念，即世界和平本质上是一场为人类灵魂进行的道德斗争。但这也有点误导人。史末资带着他所说的"强烈的人道主义倾向"来到旧金山时并不自在，也担心有可能给他的国家南非造成尴尬。幸运的是，由于他心境平和，疑虑很快就消失了。他在公开场合受到热情欢迎，被誉为巴黎和会硕果仅存的元老，并被任命为其中一个委员会的主席。这位七十五岁的陆军元帅依然体型匀称、身姿挺拔，在塔玛派斯山上散步时腰板笔直，精力充沛。由此我们不难想象四十年前他背着背包，里面放着一本康德的著作，领导布尔人的突击队对抗英国人的样子。

史末资首先是一个帝国人物，这里的帝国指处于全球权力顶峰时期的英帝国。自布尔战争结束后，他一直是南非政坛的杰出人物，不仅制定了南非联盟宪法，还帮助这个饱受战争蹂躏的国家重新融入英帝国体系。1910 年至 1924 年间，这位前布尔领导人一直在位，最后五年担任南非总理。之后，他担任司法部长，然后再次担任总理，带领南非参加"二战"。命运在他身上发生了奇妙的转折，让这位昔日的游击队员投入英国当权者的怀抱。在"一战"中，他是英帝国战时内阁值得信赖的成员，是英国皇家空军的缔造者，最重要的是，是新的英联邦（British Commonwealth）这一意识形态的理论家。

他对英联邦及其更为广泛的世界意义进行了思考。正是在这里，人们开始看到，史末资跟国际主义在 20 世纪的传播中的一个被忽视的方面存在关联。正如历史学家罗杰·路易斯（W. Roger Louis）所指出的，如果现代殖民帝国是 19 世纪晚期一代人的成果，那么史末资就是随后一代人的领导者，他们试图通过国际合作来延长白人统治帝国的寿命。说得直白一点，有一条笔直的——尽管未被探索过的——路线将我们从英帝国最后几十年的宪制重构带到联合国的建立。简言之，有没有这种可能，即联合国最初不是作为结束殖民主义的工具，而是——至少在史末资这样的人的心目中——作为维护殖民主义的手段？

* * *

从布尔战争开始，大西洋两岸逐渐出现了一种被称为"国际主义"的趋势。事实上，有许多种国际主义。有些人相信通过国际法的编纂和标准化，并在外交中赋予其更重的分量，依靠各国求助于律师来仲裁争端，可以避免战争威胁。这类想法在欧洲大陆和美国尤其强烈。1914 年之前，美国历届国务卿都认为这是一个需要美国发挥领导作用的问题。但由于相信律师的判断和公正性，这种方法显得过于去政治化和精英化，无法获得广泛的政治支持，"一战"爆发所带来的激进化影响也导致他们的想法落伍了。20世纪早期国际主义在思想发展上的真正未来，掌握在自诩为民主主义者的人手中。这些人相信，选举权的扩大将从战争贩子手中夺回权力，并让民众得以维护其爱好和平的本能。英国和美国的激进和平运动呼吁用一种国际"公民原则"来取代民族主义，保障世界和平。今天我们可以称之为世界主义（cosmopolitanism）。社会学家伦纳德·霍布豪斯等人重塑了更古老的福音派思想，认为人类应该克服国家等"人为构建的效忠单位"，加入"国际性的联盟"。美国和平主义者克丽丝特尔·伊司曼预见了一种"非民族主义"的趋势，即人们会按照康德式的思路直接行动，不再通过政府。

另一些人则完全不同意这种路径，想通过另一条路线到达相同目的。他们觉得民族主义本身并不坏，只是落在坏人手里而已。英国激进分子J.A.霍布森是"帝国主义"的激烈批评者，他将"民主民族主义"视为"通往国际主义的康庄大道"。1912年，他讨论了"文明国家联邦"可能强大到足以维持世界秩序的想法。事实上，他认为"现代文明的最高考验"

在于，这样的联邦是会成为一股向善的力量，还是说仅仅是"旧帝国的变体"，是为了在世界上推行欧洲治下（pax Europaea）的和平，还是为了人类的利益行动。霍布豪斯赞扬了霍布森的帝国联邦（imperial federation）计划，虽然细节上有所不同，但他建议，英帝国联邦可以作为世界的榜样。"根本上讲，世界是一个整体，"他写道，"它的统一最终必须反映在政治制度上。"英帝国内部的联邦制最终将导致一个"世界国家"出现。因此，令人吃惊的是，即便是英国最激进的国际主义者，也在相当大的程度上接受帝国主义作为世界政治框架。[2]

在其他讲英语的知识分子世界里，一个相当不同的群体正沿着有着惊人相似的路线思考，但他们更多是出于对英帝国现状的关切，而非为了世界和谐。自 1880 年代以来，就一直有英国评论家谈论建立一个由白人移民国家组成的联邦，尽管这一想法在 19 世纪末因被指责为不切实际而失去了将其推进的动力。但随着布尔战争和"一战"暴露出英帝国宪制安排的脆弱性，这个话题再次浮出水面。布尔战争结束后，许多新联邦主义者开始思考南部非洲的殖民地和整个非洲的未来。[3]高级专员阿尔弗雷德·米尔纳爵士以一种天定命运论的方式描绘了南部非洲的未来，寻求建立"一个从开普敦到赞比西河的伟大而进步的共同体"。他身边那些聪明的年轻人——他所谓的"幼儿园"——都是来自牛津大学的热心的黑格尔主义者。他们对英国创造这个新政治实体的能力充满信心；他们优先考虑建立白人联盟，尤其是弥合阿非利卡人*和讲英语的人之间的分歧，同时敦促对非欧洲人采取更强硬的立场。因此，带有教化使命的语言现在具有了明显的种族色彩。1907年，作为米尔纳最具影响力的年轻追随者之一，莱昂内尔·柯蒂斯（Lionel Curtis）写道："事实是，我们一直在稳步摆脱开普构想，即混合白人、棕色人种和黑人，严格按照欧洲文明的方式发展出不同等级的文化。我们秉持的观念截然相反，即鼓励尽可能地隔离黑人与白人，让黑人按照自己的方式发展文明，就像他们在巴苏陀兰†已经开始做的。"米尔纳

---

* 南非和纳米比亚的白人种族之一，以 17 世纪至 19 世纪移民南非的荷兰裔为主，融合了法国、德国移民。

† 巴苏陀兰是英帝国基于开普殖民地无法有效控制该地，而于 1884 年建立的皇家殖民地。1868 年英国吞并该地区，1871 年交由好望角殖民政府管辖，1884 年英国恢复对其的直接管辖。巴苏陀兰于 1966 年 10 月 4 日脱离英国独立后改名为莱索托。

也谈到了"种族爱国主义",并把"血液"视为将帝国凝聚在一起的黏合剂。可以肯定的是,从这些话中,我们看到他们已经抛弃了同化有色人种的信念,并坚持一种更加直白的种族主义政治;更重要的是,这种新的殖民统治种族化理念构成了当时正在兴起的国际帝国主义思想的一个关键因素。白厅虽然不关心非洲本地人的权利,但对白人移民殖民地的政治主张及其民族主义意识深感忧虑。1907年,白厅承认了他们的政治主张,授予他们自治领地位。三年后,南非联盟成立,这是新联邦精神的体现,史末资成为统一南非这一民族主义运动的主要倡导者。[4]

当史末资努力克服布尔战争的创伤,并试图在国内制造一种新的民族意识时,他自然与那些提倡国际主义的人站在了一起,因为他们都是民族主义者。民族主义不仅是世界上的一股真实的力量,而且在非洲的背景下,就他看来,还是一股有益的力量,它把白人团结在一起,推动他们在黑暗大陆上践行教化的使命。问题是如何使民族主义和平化,防止其通向动荡、战争或者他所说的"帝国主义"——换句话说,就是以牺牲欧洲其他大国的合理要求为代价,不受管制地攫取土地。针对这个问题,一种解决办法是寻求建立国家联合体（commonwealth of nations）。

米尔纳的信徒中，有些人更为理想化和不切实际，他们对强大国家的信念，狂热到鼓吹建立帝国主义政府，甚至建立一个强大的世界政府。但史末资的观点对国家忠诚更敏感，因而最终更有影响力。他也完全认同英国在英帝国中处于领导地位，但坚持认为帝国的成员国也需要得到认可；这就是为什么在"一战"期间，他要求各自治领的自治权得到明确承认。为了统一帝国防务，并让殖民地政客承担更多责任，战前英国政府已经在朝着这个方向发展。在1907年的帝国会议上，白厅不再将加拿大和澳大利亚称为殖民地。1910年，新西兰和南非也获得自治领的地位。自治领观点具有特殊性：越来越带有种族主义色彩的移民政客们很清楚团结起来的必要性。虽然对白厅持怀疑态度，但自治领的政客们并没有信心单独行动。例如，澳大利亚和新西兰就无法独自抵御所谓亚洲移民的"黄祸"。[5]

至于新的南非联盟，对于米尔纳所体现的欧洲使命（即教化该地区）来说，最大威胁不是黑人民族主义，而是白人之间的分歧。布尔战争已经表明了这种危险，1914年"一战"在欧洲的爆发则重新揭开了旧伤疤：南非的英国人支持南非政府站在英国一方参战，而大多数阿非利卡人并不支持。史末资成功地让南非团结在一起，不过他采取的策略是将这场战争描述为一场以更高理想的名义发动的战争：不仅仅是旧式的联盟或强权政治，而是一场道德斗争，为了创造一个更加美好的世界，一个体现并保持欧洲文明优势的世界。史末资认为，"一战"表明，欧洲内部的旧式同盟政治可以很轻易地破坏欧洲在外部的文明教化使命。因此，战后必须达成某种新的国际安排，以解决这个问题。

史末资利用"一战"爆发和组成帝国战时会议的机会，改变了自治领和伦敦之间的宪制关系，在一个实质上是非正式组织的框架内增强了自治领的权力。但在史末资看来，新兴的英联邦需要一个更为广泛的国际联盟来保持团结。他的这一想法比澳大利亚人、加拿大人或新西兰人的要强烈得多，也远比大多数英国人更强烈。史末资认为，必须让英国人意识到，战后有一个国际机构来管理世界秩序，并巩固英美之间的联盟，对于增强英国的领导力非常必要，他们的帝国将会因此变得更好而不是更糟。

（二十年后，他仍然相信这一点。他认为，如果英联邦国家是一个共同的世界组织的成员，它们会支持英国，但如果只是被要求捍卫旧的势力均衡，它们就不会支持英国。）同时，世界也会变得更好。1917年，他热情洋溢地主张，如果要永久摧毁"像巨大的冰山一样从过去漂移到我们现代生活"的"军事帝国主义"，那么军事胜利之后必须是"道德胜利"。[6]为了维持和平，国际合作必须取代武力。史末资认为，"英帝国——（从其主要成员角度）我更愿意称它为英联邦"，正在发生这种从武力到合作的转型。[7]他接着把英联邦描述为一种更为宏大的蓝图：

> 未来世界政府的组成要素已经在我们的英联邦中运行，它们将不再依赖从罗马法中采纳的帝国观念……正如罗马的观念指引了欧洲文明发展近两千年，英国宪制和殖民制度蕴含的新观念，在得到充分发展之后，可能会指导未来文明的发展。

他称赞英帝国的模式是"唯一成功的国际政府实验"，并呼吁将其扩展到世界范围内。1921年，史末资高兴地迎接爱尔兰协议的签订，以及独立的爱尔兰共和国成为英帝国的另一个自治领，此时他想表达的意思变得更加清楚："古老的英帝国再次证明了它的神奇力量，它将每个国家的完全自由和独立同一个世界性的自由国家集团紧密联系在一起，既满足了民族情感，也顺应了国际合作的趋势，而这两者是我们这个时代最为强大的力量。"[8] 同样，史末资也明确指出了英联邦模式的真正优点是什么：它支持的不是标准化或去国家化，而是"所有成员国更充实、丰富和多样的生活"。简言之，它是"国际联盟最合适的雏形"。在这场反动与进步、良性帝国主义与恶性帝国主义的激烈斗争中，德国人是最大的敌人。史末资最初希望哈布斯堡家族能够摆脱盟友德国的控制，在东欧建立一个同样进步的民族国家联合体，但他们的僵化思想没有使这种情况发生。另一方面，英国通过展示可以将自己从一个帝国转变为一个自由国家联盟，确保了自己正当的领导地位。[9]

在史末资看来，拟议中的战后新组织不仅有助于维护英联邦的团结，还将巩固英国和美国这两大现代世界文明力量之间的关系。他很清楚地看到，前者现在必须依赖后者才能保持余势。因此，拥有决心且懂得政治技巧的他，不仅向英国人，也向美国人，尤其是伍德罗·威尔逊总统本人，传达了自己的信息。他对美国参战表示欢迎，呼吁"以人类的名义建立一个和平联盟"。在一次接受美国记者采访时，他还引用了乔治·坎宁一个世纪前的说法，说新世界（New World）将会来"纠正旧世界的平衡"。在他看来，美国与英法结成了民主联盟，共同反对"旧封建欧洲最后一次阻止人类进步的企图"。[10] 但美国在战后的作用同样重要。如果国联要想在没有太多国际争议的情况下处理崩溃帝国的领土，并且让它看起来不像是获胜帝国之间的瓜分，美国的参与将至关重要。[11]

* * *

史末资主张由英国和美国来领导一个国际联盟。在推广这一理念时，他面临着一项艰巨的任务。传统上，英国政客对于承诺永久的国际和平持谨慎态度：一些人认为所有关于国际组织的讨论都激进到荒谬，并将其与社会主义或费边社联系在一起。只有少数人真正相信它。这一点在 1917 年初变得很明显，时任帝国战时内阁秘书长这一要职的莫里斯·汉基，以一种表明史末资的地位实际上有多边缘化的方式，列出了战后英国的选项：(1)"某种像强制和平同盟那样的国际组织"；(2)"像 1815 年后形成的欧洲协调（Concert of Europe）那样的联盟"；(3)"退回到……势力均衡"。第一种选择接近史末资和许多游说团体想要的，汉基和保守派却认为必须不惜一切代价避免这种可怕的美式观念，能保护自己的只有自己，不可能用别的东西替代。他们推动第三种选择——传统的英国方式，即依靠海军霸权、在欧洲大陆进行的谨慎的联盟外交和低地国家的独立。然而，在这样做的过程中，他们忽视了政府面临的政治压力，当时英国政府每个月都要送成千上万的人在战壕中送命。此外，他们的谨慎也与事实不符，因为英国在 19 世纪的大部分时间里都参与了会议体系。因此，英国内阁相当不情愿地接受了这样一个事实：它不能提倡简单地回到外交程序上来——许多人首先就将战争的爆发归咎于外交程序。于是它转而提出了一个大国会议体系，以拿破仑战争后建立的欧洲协调为基础。[12]

这样一来，真正的争论也就变成了新体系能否代表更多的东西，而这正是史末资可以发挥影响力的地方。在战时的英国，关于建立国际组织的必要性有大量讨论：伦纳德·伍尔夫 1916 年出版的著作《国际政府》广受欢迎，它从费边主义的视角探讨了建立国际政府的问题，而由年轻的米尔纳派组成的圆桌骑士团（Round Table group）则正在推广他们的英联邦和帝国联邦的想法。[13] 史末资借助这些舆论的力量，并利用英国内阁内部态度高度不确定性的契机，在德国投降后不久散发了一份有影响力的备忘录，也即著名的《国际联盟——实践性提议》。他强烈主张建立一个和平时期的国际联盟，不仅与过去的联盟有很大的不同，而且要远远超出先前的战时和平保障机制。同时，他还提出建立一个"永远在场的、活跃的、切实运行的文明政体机构"。它应该通过建立一套领土监督制度，对德国的前殖民地和前奥斯曼帝国的领土承担起特殊责任。此外，它还将监督征兵制的废除和武器工业的国有化。这个机构围绕着一个松散地建立在战时会议体系基础上的组织运转，不会向成员提供政治独立的保证，但会提供某种有效的制裁，以维护国际和平。[14]

这是英国决策机构核心层公开提出的最为激进的建议，即使是内阁中另一位热情的国际主义者罗伯特·塞西尔勋爵，在现阶段也没有考虑过要远离1815年后的欧洲协调。因此，这个建议立即遭到了反对。在内阁中，像寇松、贝尔福和丘吉尔等大人物都对集体安全理念深恶痛绝。一旦建立集体安全机制，外国人插手英国的事务怎么办？英国军队岂不是要在世界各地灭火？与此同时，像阿尔弗雷德·米尔纳这样的帝国强硬派则拒绝任何会让英帝国陷入欧洲大陆纷争的情况，但同时又想确保与美国建立更紧密的关系。史末资的国际主义计划比他们任何一个人的都走得更远；它的天才之处在于，将国际主义同他们所重视的大西洋主义和帝国凝聚力问题联系起来。[15]

1918年平安夜，英国内阁赶在巴黎和会前召开过一次至关重要的会议，将这些争论排练了一遍。史末资的政策兼顾了米尔纳派和理想主义者的一些想法：它使国际主义走得比大多数米尔纳派希望的更远，但又把它与英帝国权力的维护甚至扩展联系在一起。英国首相劳合·乔治一如往常地持观望态度：任何国际性联盟都必须是有效的，而不是形同虚设；

另一方面，也不能拥有独立的执行权。尽管劳合·乔治称赞了史末资，但事实上英国内阁的态度是明确的：除了永久性的会议制度，英国人对任何东西都非常冷淡。因此，1919年1月初，当史末资和罗伯特·塞西尔代表英国政府前往巴黎商讨建立国联的问题时，英国政府就向史末资发出了谨慎的指示。尽管史末资他们未能在内阁中占据上风，但事实证明这并不重要，因为史末资赢得了更有影响力的伍德罗·威尔逊总统的支持。去巴黎的途中，伍德罗·威尔逊把注意力转向建设战后和平，他发现史末资的计划很有说服力。[16]

在公众心目中，伍德罗·威尔逊总统是与国联的建立以及自由国际主义在20世纪的整个发展关系最为密切的人物。事实上，人们确实也不会轻视威尔逊的贡献。早在1880年代末，他就认为美国的联邦制是世界秩序的一种可能模式。但正是"一战"使美国在和平时期国际组织中扮演什么角色的问题凸显出来。1916年5月，当群众运动呼吁美国为创造永久和平的条件而发挥更为决定性的作用时，威尔逊告诉强制和平同盟会（LEP），他赞成建立一个"普遍的国家联合"来"预防任何违反条约条款的战争，保障领土完整和政治独立"。更引人注目的是，在1917年1月的参议院演讲中，他要求实现的"不是势力的均衡，而是权力的共同体；不是有组织的对抗，而是有组织的共同和平"。因此，在美国卷入这场冲突之前，威尔逊总统的观点似乎出乎意料地接近激进国际主义者，而不是过去几年美国政府中影响突出的律师们。他觉得国际法的力量有可能得到已经发生变化的人心的支持，于是公开表示希望建立一个"民主安全"的世界，并愿意"越过欧洲统治者"向欧洲人民喊话。[17]

　　然而，一旦美国真的参战，威尔逊就保持沉默，避免公开讨论上述想法，担心会造成混乱。私下里，他开始从民族自决的角度看待民主化。1918年1月，他在著名的"十四点计划"中宣布了美国的战争目标。其中最后一点与他最新的更加以国家为导向的国际主义相吻合，它呼吁"根据特别盟约来建立普遍的国家联合，为所有的大国和小国提供在政治独立和领土完整上的相互保证"。由于犹豫不决，甚至在1918年4月，威尔逊也不愿评论在伦敦举行的关于建立国联的讨论。他告诉媒体，现在不是谈论细节的时候；他希望避免建立任何看起来像反德神圣同盟的组织来疏远德国。[18]

真正的问题是，威尔逊并不清楚自己到底想要什么。是史末资帮他找到了答案。威尔逊召集的战时专家小组已经准备了大量关于欧洲领土解决的信息，但对于新的和平时期国际组织的确切形态，思考还不足。威尔逊抵达法国时，除了一份可追溯到当年8月的草稿外，几乎没什么东西可供他参考。事实上，他在巴黎提出的大多数想法，要么是基于史末资的主张，要么是基于其他英国人提出的草案。他同意削弱小国的作用，遵循塞西尔的路线，即"列强必须管理国联"。[19]

史末资关于国际政治的许多观点必然会吸引威尔逊。作为天生的道德家，这两人都将公共伦理的力量理想化，并将其置于对国家或局部利益的自私追求之上。最重要的是，他们相信，当具有崇高判断力的人们把事物作为一个整体来看待时，冲突的根源就消失了。这两个人的辩才，既可以鼓舞追随者，也能够迷惑敌人。但关键是，在如何处理战败国的领土，尤其是它们的殖民地的问题上，他们存在分歧。像史末资这样的英国亲美派敏锐地意识到，美国的反帝国主义倾向——不管它真正的含义是什么——是对英美谅解的一个明显威胁。史末资和其他联合体理论家希望说服美国人接受他们的开明帝国概念，并使他们认识到民族自决概念在适用性上的局限。莱昂内尔·柯蒂斯在一篇有影响力的文章中写道："在热带非洲，太平洋地区也一样，那些还不能自我治理的种族唯一的希望，是在某个伟大的民主文明国家的指导下学会自治。国联将一劳永逸地淘汰陈旧的、有害的、与美国传统格格不入的帝国观念。"这种想法影响了史末资，继而影响了威尔逊。[20]

弥合华盛顿和英国自治领之间的鸿沟至关重要。如何实现？将前德意志帝国和奥斯曼帝国的属地转变为国联委任统治地的想法，被证明是一种非常巧妙的方式。当时，英国自治领要求吞并德国前殖民地，同时也需要对威尔逊式理想主义表达口头支持，而委任统治则可以解决这个两难问题。史末资最初认为，委任统治是东欧人民准备获得完整主权的一种方式。但是，当东欧人民自主处理事务，并展示了他们作为德国和苏俄之间缓冲地带的战略重要性时，委任统治的想法反而被应用到欧洲之外。史末资写道，提出国际委任统治只是为获得美国的支持而作出的"小小让步"。它们将帮助美国人加入一个英美"殖民同盟",这将成为"美国和我们之间的……一个团结的纽带"。通过淡化监管条款,并引入条件几乎与完全吞并(或者在当时看起来)无异的丙类委任统治的构想,他最终获得了自治领的支持。生性好斗的澳大利亚总理比利·休斯最初曾竭力想要吞并德国之前在太平洋的殖民地,但当史末资悄悄向他保证,威尔逊对"强制控制"这个问题"没有具体的想法"时,连他也退缩了。[21] 因此,自治领得到了他们想要的大部分东西,包括很关键的对移民的控制权。不过,种族问题一直困扰着他们。尽管日本人也得到了对中国南海的委任统治授权,但他们提出的将种族歧视为非法的提议被拒绝了,因为这一提议从一开始就被理解为对环太平洋地区白人移民控制权的挑战。[22]

与此同时,英国和法国瓜分了奥斯曼帝国的土地,以及德国在非洲的殖民地。而意大利、比利时和葡萄牙都只能靠边站,在英国看来,他们是帝国主义者,无法将自私的经济利益与更大的人类利益分开。现在,战败国领土已经通过外交会议以适当的方式分配,教化工作可以继续进行。英帝国的领土从未如此庞大，这在很大程度上要归功于这个新的国际组织，而史末资在其创立过程中发挥了巨大的影响力。[23]

* * *

那么，帝国的国际主义是依靠什么原则得到强化的？答案可以从南非的情况中看出。1917年，就在史末资发表《国际联盟》这一重要的战时演讲一周后，他在萨沃伊酒店又发表了另一场题为《中部和南部非洲的未来》的演讲。这场演讲是对英国自布尔战争获胜以来所发生的事情的致敬，其中包含了对种族主义直言不讳的攻击。史末资谴责"日耳曼化的英国人休斯顿·张伯伦"所宣扬的纯净种族学说是"彻头彻尾的胡说八道"，这种"学说……认为统治世界的种族是血统纯净的种族，如果混入异族血液，就会贬低自己，变得堕落"。史末资对此不屑一顾。他自豪地宣称，在南非，"我们希望创造不同民族的融合，并从我们的种族同盟中创造出一个新的南非国家。如果我们能成功做到这些，那么我们将实现一种新的民族，它将包容和协调我们的各种特征，使其融合成一个更为丰富的、通过其他方式难以实现的民族类型"。[24]

然而，这种说法可能不是它今天看起来的样子。因为史末资实际上谈论的是"白人种族团结"，如果南非要成为他所说的"白人的土地"，那么这一点就至关重要。至于占南非人口多数的黑人，史末资却持截然相反的论调：

> 我们已经取得了一定的成果。19世纪上半叶，一些完全相信人类兄弟情谊的基督教传教士前往南非，你们还记得他们如何与当地的女子结婚，以证明他们的信仰。从那时起，我们已经积累了足够的经验，可以微笑地面对那种观点。关于白人和黑人的关系，我们现在形成了某些公理：最重要的一条是："两种肤色的血液不能混合。"……在我们和当地人打交道时，有一条现在已得到公认的公理，即黑白混血是可耻的。[25]

史末资给种族隔离政策打上了正面的光；这是从非洲大陆南端推行教化所要付出的代价，可以提醒"南非的白种人"有权利也有义务充当"有色人种的托管人"。但这也明显带有种族焦虑的意味。"一战"已经表明了武装当地人在未来可能造成的危险，应该有国际协议来防止这种情况再次发生。由于非洲白人移民与当地人相比众寡悬殊，白人殖民者需要英帝国的保护。因此，史末资强烈反对脱离帝国，他想要划定的是一条永久的外部界限，以此来践行南非民族主义的政治抱负。

在许多年前的学生时期的一篇论文中，史末资曾预测："种族斗争注定会在非洲大陆达到前所未有的规模……在这场可怕的生存斗争中，白人阵营的团结一致……将是不得已而为之——我们不是说要取得胜利，而是要避免［极端悲观主义者所说的推迟］灭亡。"[26]"一战"之后，这种预言演变成了对全球种族战争和"西方"与"东方"冲突的恐惧。这场战争加剧了优生学家和马尔萨斯主义者的担忧，人口统计学家越来越多地将历史斗争视为生育能力的问题，即智力低下、繁殖迅速的种族和素质较高、繁殖缓慢的种族之间的残酷竞争。1920年，美国作家洛塔尔·斯托达德出版的畅销书《有色人种的兴起》，真正迎合了这种国际性的心态。像史末资一样，斯托达德把"一战"描绘成"白人之间"的一场悲剧性的自相残杀。斯托达德警告说，尽管从政治角度看，到 1918 年，白人控制的地球面积比以往任何时候都要多，但实际上，他们不过是在勉强维持而已。"有色人种"不仅在数量上超过白人，是白人的两倍，而且白人大部分都被束缚在欧洲。更糟糕的是，由于白人的教化使命成功地降低了有色人种此前的高死亡率，后者的生育能力远高于前者。[27] 就非洲而言，斯托达德指出，与亚洲不同的是，"欧洲已经在这里扎下了根"。"非洲问题的关键"就在于"白人能否通过巩固对非洲南北的种族控制，延续他们目前对气候条件不适合移民的非洲中部大陆的政治控制"。斯托达德认为，这对欧洲来说是一个至关重要的问题，因为非洲是其"热带原料和粮食的天然来源"。[28]

史末资也对白人价值观的未来感到悲观，但他始终是进化的理想主义者，他相信，如果英帝国具有足够的适应性和活力，它仍然提供了保存和扩展这些价值观的最佳手段。在非洲，这意味着允许南非作为欧洲文明的传播者向北扩张。毕竟，他让南非参加"一战"的主要目标，是为南非联盟获取德国在西南非洲的殖民地，当然他或许还存有获取葡萄牙占领的东非南部的心思。南非宪法中有着根深蒂固的扩张主义。因为正如历史学家指出的，1909 年统一南部非洲的法案同时也分裂了南部非洲，该法案的制定者们并没有打算让它成为一项永久性安排。它没有把高级专员辖地*和南罗得西亚纳入南非联盟的领土范围。实际上，它包含了把上述地区并入南非联盟的时间表。自 1895 年以来，史末资就像英国联邦主义者一样，一直呼吁扩张至赞比西河，甚至扩张到赤道地区。而且他肯定不会放弃，因为德国已经被逐出了竞技场。他在 1920 年代写道，整个东非地区可以"在未来三四代人的时间里变成一个伟大的欧洲国家或国家体系"。1929 年，他呼吁建立"一个连续的、扩展至整个非洲的、伟大的非洲自治领"。而实现这一目标所需要的是"一项彻底的白人政策"，以致在未来出现"一个比澳大利亚更重要的白人国家……一个最终从南非联盟延展到肯尼亚的白人国家链"。[29]

但在 1920 年代早期，对史末资来说不幸的是，朝向建立一个"大南非"的势头遭遇了一系列坎坷。一个问题是白人缺乏团结：1921 年，南罗得西亚的

---

* 所谓高级专员辖地指的是巴苏陀兰（今莱索托）、贝专纳（今博茨瓦纳）和斯威士兰三个地区。19 世纪末 20 世纪初，英国先后占领上述三个地区，并交由英国驻南非高级殖民专员管辖。

移民因为害怕被阿非利卡人统治，于是投票支持自治而不是与南非合并。这反过来又使得贝专纳保护地移交给南非这件事似乎变得不那么势在必行了。贝专纳摄政切凯迪·卡马巧妙地利用了伦敦方面对南非日益种族化的本土政策的担忧。但更大的问题来自国联本身，它对南非在西南非的委任统治任务表现出明显的不满。特别是国联的委任统治委员会，作为负责监督整个委任统治任务的机构，它比史末资或其他任何人预期的都更认真地对待自己的作用，并一针见血地批评了南非在委任统治方面的管理。1922 年，南非军队在"邦德尔兹瓦茨大屠杀"中对本地反抗者进行空中轰炸，造成一百多人死亡，这一事件使南非成为日内瓦会议上的焦点，也刺激了英国国内同情土著情绪的高涨。1923 年，英国宣布，白人移民利益已然占据首位的肯尼亚此后将"主要"被视为非洲领土。这标志着白厅政策的一个重要转变。正是在这个时候，"种族主义"在南非语境中的含义发生了转变，不再主要指英国人和阿非利卡人之间的关系，而是指黑人和白人之间的关系，这并非巧合。正是史末资担任总理时期，南非政府通过蚕食最后仅剩的土著选举权并在定居点引入种族隔离主义限制措施，奠定了未来种族隔离政权的基础。史末资说服自己（如果不是其他所有人的话）相信，这些措施会让黑人和白人都过得更好：每个人都有"应有的位置"，都有"各自的人权"。与此同时，随着南非国民党（National Party）的崛起强化了这一呼声，即取消（开普殖民地）黑人最后仅存的选举权并限制本地人的选举权，史末资自己领导的政党正在被推向种族隔离的道路。[30]

尽管史末资对委任统治委员会的态度感到不安，但他仍然为国联感到自豪，并深信其历史重要性。他认为，国联以文明的名义捍卫世界秩序，如果没有它，欧洲将"继续在动荡中痛苦挣扎，最终陷入无政府状态的黑暗之中"。最重要的是，他深信国联对英帝国和英联邦至关重要。他并没有因为自己的非洲扩张主义梦想遇阻，就放弃拥护英联邦，而是坚持认为，在一个日益不确定的世界里，英帝国是一股向善的力量。[31]

这种尊重是相互的。在英国，尽管对南非本土政策的批评越来越多，但史末资的声誉一如既往地崇高，于是他利用这一点来推进他的种族化版本的教化使命。1929 年，他在牛津大学罗德讲座上呼吁年轻的英国学生前往非洲光大"我们的文明"，将非洲大陆从野蛮状态中拯救出来。当然，鼓励英国移民来南非对巩固史末资的国内地位至关重要，因为这将在政治上削弱阿非利卡人，但他也以自己的一贯风格将其描述为通往美德之路。他告诉听众，在国联的支持下，通过扩大英帝国殖民政策的实施范围，可以实现世界和平。对于像 H. G. 威尔斯这样的人来说，这听起来有点过时和反动，年轻的左翼分子开始质疑史末资观点的基本前提，即同时支持国联和英帝国是可能的。（仅仅几年后，国联就是否"有可能成为国联的忠实支持者并继续做坚定的帝国主义者？"举行了一场辩论。）[32] 但其他更为年长一些的国联支持者（像古典学者吉尔伯特·默里等人），则对史末资的观点深表赞同。乔治五世邀请史末资留下来，同时内阁邀请他担任巴勒斯坦高级专员，这样他就既可以教化阿拉伯人，又可以教化非洲人。然而，对史末资来说，首要的是致力于南非事务。在先后担任南非司法部长（从 1933 年起）和总理（1939年）期间，他继续执行种族隔离主义路线。根据他个人的进化哲学，国家的任务是根据不同群体的种族能力水平或者（用他的话说）"品质"，为他们提供相应的权利。非洲人根本没有做好独立建国的准备，而他的工作就是说服英国人相信：尽管越来越不受白厅欢迎，但南非政府的政策实际上开辟了一条其他殖民地应该效仿的道路。他向英国征服非洲的主要人物、任职于国联委任统治委员会的卢吉勋爵吐露说，他认为对于肯尼亚来说，实行种族隔离也是最好的选择。[33]

　　然而，尽管史末资信奉种族隔离主义，但他认为这一主义只适用于非洲和世界上其他"未开化"的地区，对欧洲当然不适用。任何分裂欧洲人的事情都会让他沮丧地认为是在破坏欧洲的文化统一性，并威胁欧洲领导世界其他地区走向文明的能力。而正是因为他坚持种族主义观点，他才认为希特勒的出现令人深感恐惧。他在 1932 年预言，"为了拯救文明于水火之中，我们将手忙脚乱"。[34] 在他看来，国家社会主义基于种族区分来分裂欧洲人，并将法治置于一边，对他所重视的欧洲优势构成了严重威胁；尽管极端右翼确实对南非造成了短暂的威胁，但国家社会主义对南非本身并没有太大的影响，它反而首先对世界秩序、欧洲的团结和盎格鲁－撒克逊自由价值观的威望造成了很大影响。1939 年战争爆发时，史末资并不希望南非保持中立：尽管南非白人之间矛盾重重，但他还是赢得了南非议会的支持，巧妙地让南非站在英国一边。与 1914 年相比，他更加认为这一决定不仅在道义上是正确的，而且为进一步扩张提供了理由。1940 年，他对驻肯尼亚的南非军队说，"你们所做的努力，可能会建立一个非洲合众国。当然，这一目标或许在我们的时代不会实现"。事实上，在整个战争期间，他都在盘算着如何建立一个新的"泛非洲"超级国家，通过劝诱"那些位于我们北部，作为我们真正的工业和政治腹地的年轻的英语国家"与南非结成伙伴关系，这个超级国家将一直延伸到赤道。而且他仍然期待着对高级专员辖地进行控制并吞并西南非——这一观点得到了华盛顿方面的一些支持。[35]

不过，按照他一贯的特点，他并没有像那些质疑国际机构力量的人那样，简单地吞并委任统治地。相反，他很有预见性地等待战后和平会议来推动他的主张。南非经济学家们为接管委任统治地提供了惯常的理由：他们谈到要通过灌溉计划让北部沙漠变得富有生机，并在那里安置南非的"过剩"人口。但英国政府对南非选择的时机并不买账。一位英国文官写道:"当我们还在为小国利益而战的时候,我们却看到自己将要交出这些领土,再没有什么比这更糟糕的了。"除了上了年纪的史末资,英国人还担心阿非利卡人的民族主义可能会蔓延到非洲东部和中部。[36]

我们可能会问,史末资怎么会看不清风向呢?难道他没有意识到英国的反种族主义情绪日益高涨,而美国的反殖民主义力量也日益强大吗?然而,或许我们应该问这样一个问题:风到底是朝哪个方向吹?毕竟《大西洋宪章》是一份非常模棱两可的文件。它既是国际社会对瓦解欧洲帝国的承诺(美国人的观点),也是对维多利亚时代观点的重申(英国人的观点),即欧洲人适合拥有主权,而其他国家则不适合。至少,丘吉尔是这么解读的。不管美国公众会怎么想,丘吉尔总是否认《大西洋宪章》意味着英帝国的终结,而罗斯福总统最终放弃了坚持相反的观点。当然,就像威尔逊的"十四点计划"一样,《大西洋宪章》是战时宣传,在殖民地产生了丘吉尔没有预见到的意义。例如在南非,快速发展的非洲人国民大会和其他组织要求采纳《大西洋宪章》的精神。1940 年 7 月,非国大通过了一项关于战争的决议，支持英联邦，但要求给予非洲人完全的公民权。史末资最初对此表现出了同情的迹象：出于对战争进程和阿非利卡人支持德国的担忧，他想要巩固非洲对盟军事业的忠诚。由于害怕日本人可能入侵并武装黑人，他被迫转而考虑武装他们。1942 年 1 月，他在开普敦发表演讲，批评德国的"优等民族思想"，这次演讲被广泛解读为标志着史末资在国内政策上采取了更加带有和解性的路线。[37] 但是一旦危险过去，他就改变了政策方向。1943 年，他赢得了战时选举，部分原因是他转向采取更为强硬的政策。1943 年，他断然拒绝了非国大备忘录《非洲人对非洲的权利要求》，称其是对《大西洋宪章》的误读。他向英国和美国的听众重申了白人的持续统治对殖民地区的重要性，并警告说，尤其是在非洲，委任统治制度已经失去了效用。1942 年底，他在《生活》杂志上发表文章，反驳美国对英国帝国主义的攻击，呼吁开展国际合作以推动"落后国家"的发展，并将殖民主义重塑为一种旨在提高殖民地生活水平的非政治化的指导。1943 年 11 月，他在伦敦对帝国议会协会（EPA）成员发表讲话时更是直言不讳：对于英帝国的种族难题，没有一个普遍的解决方案，战后的政治理想必须与权力的现实相匹配。任何新的战后世界组织都必须承认三巨头的权威。但是，英国的权力现在主要依赖于它自己的帝国而不是任何欧洲资源，因此必须保留这个帝国，以在"那个辉煌的三位一体"中保持权力的均等。英国的殖民地管理必须表现出灵活性，特别是，可以将现有的小殖民地组织成为更大的地区联邦和其他类型的单元。他建议，殖民地非洲可划分为西部、东部和南部三个集团，由总督管辖或自治领支配。显然，史末资认为，这场战争应该使建立一个白人统治下的大南非的目标越来越近，而非渐行渐远。[38]

与此同时，正如史末资在漫长的职业生涯中经常展现的，这位富有远见、足迹遍布全球的政治家-哲学家在谈到他的国内政治抱负时，总是会带出他那一套在仁慈的白人指引下实现宇宙和谐的进化范式。1940年底，他将反纳粹主义的斗争定义为一个标志，即"文明世界决心并将坚持这样一个原则：种族统治、种族排他性和极端社会达尔文主义有违人类进步和启蒙的整体趋势"。早在德国入侵苏联之前，在珍珠港事件促使美国介入战争之前，他就呼吁美国进行干预，并强调"新和平"需要"未来世界共同体的

没有魔法官

总体规划"。1941 年 5 月，也就是他被任命为陆军元帅的那一年，他宣扬了对即将到来的"新世界秩序"的愿景：它将扎根于基督教伦理，建立在国际协作基础之上——"因为小国拥有独立主权的时代已经一去不复返了"。英联邦组成了抵抗希特勒的核心集团，其次是美国（"它与英联邦国家有着相同的生活伦理和政治哲学"），最后是由自由民主国家组成的"外围圈"。这些共同构成了未来"世界社会"的基础，这个社会可以提供"一个有效运作的世界共同体机构……约束各成员国走上和平和有序进步的道路，并协调与非成员国的关系"。这是他自己的整体主义哲学的政治表达，在这种进化的信条中，进步是依自愿结合成更广泛的整体的个体单元的吸积（accretion）来衡量的。[39]

到这时，以战时联合国（United Nations）为基础建立一个永久性世界组织的计划已在顺利进行中。这一次，英国和美国的立场发生了逆转，英国（由明显缺乏热情的丘吉尔领导）迟迟不愿参与关于该计划的辩论，而华盛顿则率先行动。如果说在"一战"期间，重要的文件起草工作是在伦敦完成的，那么在 1940 年代初，白厅则因过于专注英国的生存现状而无暇关心未来。另一方面，在美国国务院内外——诸如和平组织研究委员会这种有影响力的亲国联团体的复兴，使得国务院外部相关人士也积极参与战后世界安排问题——战后规划工作正在逐步推进。人们普遍同意，任何涉及国联复兴的主张都是绝对不得人心的。然而，对于许多参与其中的人来说，正是国联为他们提供了完善、改进的参照模板，并将其作为拟议的联合国组织呈现在世界面前。一些明显的替代方案都被搁置一边：无论在英国还是美国，几乎没有人愿意接受这个想法（战争开始的关键几个月里，人们曾短暂地讨论过），即建立一个正式的英美联盟，以保证和平进程中的民主国家团结。随着德国即将战败的迹象变得明显，这样的计划就失去了合理性。这次在伦敦，也没有多少人像印度事务大臣里奥·艾默里那样认为，仅仅与美国进行非正式合作就足够了。人们普遍同意，继续战时同盟的合作伙伴关系是前进方向。[40]

在这些进展中，史末资处于边缘位置。但他予以了仔细关注，并至少进行了一次重要干预。1944 年晚些时候，四大国在华盛顿郊外的敦巴顿橡树园举行会谈，讨论新的世界安全组织的未来。史末资说服缺乏热情的丘吉尔接受了斯大林的观点，即新的安理会常任理事国应该拥有否决权，从而挽救了这场关键的会谈。史末资认为，获得所有大国对这个新的和平时期国际组织的支持是至关重要的。在他看来，未能做到这一点是国联的阿喀琉斯之踵，而在其他方面，他认为国联是一个优秀的典范。他警告说，如果俄国人不加入该组织，他们将成为"另一个集团的权力中心"，"我们将走向第三次世界大战"。丘吉尔明白这一点，他告诉罗斯福（大约在他和斯大林就瓜分巴尔干半岛达成一致的时候），"唯一的希望是三个大国达成一致"。事实上，这将成为新的联合国组织有效领导的先决条件——这一先决条件几乎从一开始就注定要失败。[41]

然而，此时史末资所做的还不是他对联合国的主要贡献。敦巴顿橡树园会议提出的建议令世界其他地区明显感到失望。在基本方面，这个拟议中的新的和平时期国际组织与战前的国联有着惊人的相似之处，仅在一个重要方面有所不同，那就是赋予安理会常任理事国更广泛的权力。敦巴顿橡树园会议没有提及殖民地的自由，它所确立的新的国际组织的等级结构也比国联更加森严。它显然是一个巨大的权力妥协，用干巴巴的官僚语言表达出来，无法激起人们的想象。[42]

这里正是史末资跃跃欲试的地方：并不是他不喜欢这个方案的实质内容（相反，他赞成），而是他明白，要想有机会成功，就必须赢得广泛的民众支持。1945年初，在雅尔塔，敦巴顿橡树园会谈的内容被硬化为在春天召开的国际会议上提交的提案，三巨头成功地就安理会投票机制达成一致；随后美国人邀请各方于当年春天在旧金山举行一次会议，以建立新的组织。4月旧金山会议召开前不久，英联邦部长会议在伦敦举行。正是在这次会议上，史末资强烈主张，《联合国宪章》草案需要有一些能够吸引公众支持的内容作为序言。史末资将他自己的大纲与英国外交部尘封已久的文本结合起来，赢得了部长们对他的序言的支持，然后前往旧金山，决心为之奋斗。在那里，他满意地看到自己的文本经几处修改后，获得一致通过，成为《联合国宪章》的序言。在闭幕的全体会议上，他以"一位参加过战争与和平会议的老兵"的身份发言，称赞《联合国宪章》是"一个优秀的、务实的、熟练的和平计划"，但强调它需要"支撑着我们文明的庞大社会和道德机构网络……

对人类精神进行全面动员"来加以支持。[43]

这是战前自由理想主义的语言和态度，将英帝国的道德使命视为理所当然。史末资本人显然相信这一点，他在旧金山会议上公开称赞英国是世界上"最伟大的殖民帝国"。他说："世界各地的男人们和女人们，包括仍然无法自我管理的人民，都因此被吸引到这个预防战争的宏伟计划。"杜鲁门总统预言，有了《联合国宪章》，"世界可以开始期待这一时刻，所有可敬之人都可以作为自由人体面地生活"。如果这是对欧洲帝国主义的一种批评，那么这是英国人和史末资可以接受的。在旧金山，持异议者和怀疑论者要么被禁言，要么被忽视。当菲律宾代表团试图将对独立的承诺写进《联合国宪章》时，美国人予以了压制；厄瓜多尔提议，允许联合国三分之二成员国投票决定一个殖民地走向独立，该提议也被驳回。埃及代表非常不合时宜地提醒代表们说，建立新秩序的承诺在 1919 年就已经作出，但很快就被忘记了。他建议，避免重蹈覆辙的最好办法是在《联合国宪章》中加入一项遵守《大西洋宪章》（他称之为"全人类宪章"）所确立的理想的承诺。但这一建议如同石沉大海。正如《时代周刊》所指出的，《联合国宪章》

基本上旨在许可大国将世界划分为"势力范围"。从这方面来说，它是 1940 年德、意、日《三国同盟条约》的一个更有效、意识形态上更开明的版本，并且完全符合史末资在战时对强大区域集团的主张。[44]

　　非裔美国知识分子 W. E. B. 杜波依斯也参加过 1919 年的巴黎和会，他感到震惊，并指出，拟议中的国际《权利法案》没有任何地方提及殖民地人民。当美国犹太人委员会提议的人权宣言送给他签字时，他抗议道："这是一份很容易理解的关于犹太人权利的宣言，但它显然没有考虑过黑人、印第安人和南海岛民的权利。那么，为什么称之为《人权宣言》呢？"[45]或者，就像他在谈到史末资在旧金山发表演讲的时间时更加尖锐地指出的："我们已经战胜了德国……但没有超越他们的思想。我们仍然信奉白人至上，让黑人处于屈从的位置，在民主问题上撒谎，既然我们让殖民地的七亿五千万人受帝国的控制。"不过，自罗斯福和丘吉尔在普拉森舍湾会面以来的四年里，发生了很多事情，欧洲帝国的未来不再是讨论的主题。相反，美国海军意识到，他们的几个太平洋基地可能极具价值，美国战时起草的关于殖民地人民独立的宣言草案已归档，一道被搁置的还有使人权宣言成为《联合国宪章》不可分割的一部分的想法。委任统治变成了托管，殖民地变成了属地，但似乎除了措辞之外，没有什么改变；借助新的联合国组织使所有殖民地最终独立的提议也受挫。"世界再次回到了对有色人种的领土和势力范围的可怕争夺之中，"一位西非记者在5月底写道，"掠夺成性的帝国主义已被注入新的活力。"[46]

英国历史学家和外交顾问查尔斯·韦伯斯特在私人日记中同样直言不讳。他在大会结束时写道，《联合国宪章》建立了"一个披着普世组织外衣的大国联盟，就像《国际联盟盟约》一样"。韦伯斯特庆幸自己找到了"调和大国联盟理论和国联理论的新方法"。尤其是，托管并不是什么新东西。相反，"我们已允许我们的委任统治使命在新的控制形式下继续进行，其他方面的情况与以前完全一样，除了建立了一种机制，而只有各国想要将他们的殖民地置于这种机制之下，它才可以发挥作用。我们没有这样的意图，我相信其他国家也没有"。[47]

因此，史末资在《联合国宪章》序言中呼吁联合国"重申基本人权，人格尊严与价值，以及男女与大小各国平等权利之信念"时，并没有承诺让南非这个种族隔离主义国家解体，更没有承诺让整个英帝国解体，他也没有意识到自己的修辞和政策之间有任何不符之处。史末资的"品质"概念融合了黑格尔、惠特曼和进化生物学的观点，这使得国家给予不同群体不同程度的自由和待遇不仅是合理的，而且是人类进步的必要条件。[48]

在史末资看来，旧金山的情况和二十六年前的巴黎很像，只是更好一点而已。尽管有反殖民主义的暗流涌动，但非洲人还是被毫无怨言地送走了。小国家被告知，如果他们希望建立任何形式的国际组织，就必须噤声，并默许大国的要求。由于史末资的努力，苏联人没有退出国际组织。英国人松了一口气：1919年，英国人试图让美国人"认识到自己对落后种族的责任"但最终失败了，而这一次他们似乎成功了。只要三大国通力合作，新的联合国组织——基本上不过是旧的国联模式的改进版——就能维护和平，并为欧洲价值观的全球化创造条件。在史末资看来，《联合国宪章》中几乎没有与这种世界观相抵触的内容；根本没有给予殖民地独立的承诺，联合国可以像他所希望的那样成为维护世界秩序的力量，而在其保护伞下，英帝国可以将南非作为其在非洲大陆主要的能动力量来继续执行文明教化的使命。史末资也许不再用他年轻时模仿古典的语言来表述——那时，他曾轻松地谈论"五十万白人"的使命，即抬起"远古野蛮和兽性的重负，走向秩序文明的光辉和祝福"——但任务是一样的。这一次，借助新的联合国组织，白种人可能会成功。[49]

第二章

阿尔弗雷德·齐默恩和自由主义帝国

我们与邻为善，并非出于利益算计，而是出于对自由的信心。

——伯里克利在阵亡将士葬礼上的演说

（修昔底德《伯罗奔尼撒战争史》）

史末资所信奉的思想奇怪地融合了帝国主义、自由国际主义和道德上的自以为是，于是正直感和政治美德可以同领导世界、等级制度和帝国控制的理念自在地相处，能够将权力的行使视为一种为大众利益而承担的责任，而对过于坦率地承认其武力基础则感到不舒服。一个稳定的世界秩序在道德上应该是正义的,这一观点至少可以追溯到康德及其对永久和平的展望,如果不是追溯到中世纪的自然法学说或《希伯来圣经》的话。但是,如果我们将不同民族和平共处的世界总体愿景与和平制度或安排的具体构想区分开来,那么道德国际主义的根源就只有一个世纪出头的历史了,而且与英帝国不断变化的政治和哲学文化密切相关。

毕竟,直到 19 世纪初,杰里米·边沁才发明作为治理领域的"国际"概念。直到 19 世纪末,民族主义作为一种在世界上明确传播的政治信条,才需要持续反思其国际影响。史末资的一些同代人与他有着相同的假设,不过对政治和政策的参与较少,而可能正因为如此,他们比史末资更明确地阐述了自由国际主义世界观的哲学基础。和他一样,他们大多是牛津或剑桥出身,在 19 世纪后期英国大学圈子里流传的古典和哲学作品的熏陶中成长。他们寄希望于从古人那里找到解决现代世界问题的方法,并以影响广泛的历史学表述方式定义了确保世界和平的任务。他们方法的核心是创建新的国际组织,但对他们来说,国际组织的细节并不像对费边社会主义者那样重要,而且他们对治理本身没什么信心。他们认为，建立一个世界机构只是手段，用来实现一个更为根本的目标，即转变人类意识，并在古人确定的长期价值观的基础上灌输一种新的国际共同体意识。由于长期受古典熏陶，他们支持通过官僚主义方案解决世界秩序问题，但他们的支持并非毫无保留。同对之前国联的态度一样，他们支持建立联合国，但这种支持是有条件的，即取决于它能否将全球道德领导和全球政治领导融为一体。

本章通过分析阿尔弗雷德·齐默恩的思想来探讨这种观点的影响和局限性。尽管不像史末资那么出名，但齐默恩属于这样一类人，他们的理念连同他们个人的所有特质，可以帮助我们了解一个时代的主导性假设。他或许是两次世界大战期间最杰出的国际主义理论家。他的著作和生活体现了维多利亚时代的古典解读、英国全球领导地位的道德意识形态和新自由国际主义之间的紧密联系。齐默恩一开始是一名古典学者，在"一战"期间短暂地成为一位重要决策者：事实上，白厅为国联制定的重要蓝图主要出自他的手笔，并在1918年为史末资所凭借。离开英国外交部之后，他潜心研究国际关系，成为该领域的先驱。他在大西洋两岸教授这门学科，并且作为领导人物帮助国联建立国际知识分子和教育工作者网络。齐默恩还在他的著作中有意识地发展出了国际联合体的理念，即在充满民族情感的世界中建立全球和谐，这一理念吸引了史末资。通过他们，我们可以追溯围绕国联及其后继者联合国的道德话语的出现，并将其回置于真实的历史背景中，即焦虑的精英们试图建立一个在未来几十年中跟帝国和英美霸权相兼容的自由主义世界秩序。[1]

* * *

如果说罗马为维多利亚时代人提供了一个清晰的帝国模式，那么希腊人则为维多利亚时代人提供了一个致力于追求和捍卫自由的联合体理念。20 世纪初，随着英帝国在布尔战争后陷入动荡，人们对古希腊人的兴趣变得强烈起来，大量的普及读物试图解释他们的持久价值。理查德·利文斯通出版了《希腊精神及其对我们的意义》；历史学家洛斯·狄金森写下了影响深远的《希腊人的生活观》；在大西洋对岸，希腊文化学者约翰·马哈菲以《希腊人对现代文明有何影响？》作为 1909 年洛威尔讲座的主题目。

这些作品中，以政治性为导向的居多，对经济学和心理学的关注程度比较高的是《希腊联合体》*，这是一部研究公元前 5 世纪雅典的著作。作者阿尔弗雷德·齐默恩是一位三十二岁的古典学家和社会学家，出生在萨里郡郊区一个国际化的中上阶层家庭（父母一方是胡格诺派教徒，另一方是德裔犹太人），在温彻斯特接受教育，在牛津大学新学院的希腊化象牙塔里阅读经典著作，并在那里讲学，后来离开学校去希腊周游了一年。齐默恩关于公元前 5 世纪雅典社会和经济的研究，既是对最新的学术研究成果的集成，也是一份至少处于萌芽阶段的关于思想、自由和秩序重要性的政治宣言。正如他所写的，"在我们的脑海中，希腊人与许多继承下来的思想联系在一起，与艺术和自由、法律和帝国联系在一起……［他们是］我们独特的西方文明的第一个也是最适宜的家园"。用尼采的话说，希腊人是"不朽的老师"（齐默恩引用了这个说法）。齐默恩的目标是从中汲取经验，以明确无误地确立英国全球领导地位的道德

---

* 中译本将 commonwealth 处理成"共和国"，见《希腊共和国》，格致出版社 2011 年版。

基础。[2]

在他的描述中，雅典的崛起给邻邦带来了清晰的福音。但与其说这是一场理性的胜利（这正是早期维多利亚时代人的看法），还不如说它是一场恰当的政治情感和道德情感的胜利。他追随亚里士多德，将城邦描述为政治共同体的典范，因为它鼓励真正的社会性，这种社会性基于对朋友和家庭忠诚的共同"原始情感"：最接近"完美国家中的完美公民"的理想。它提供了自由，因为自由只有在公正统治的政体中才可能存在。如果雅典人如他所写的那样，对"议会的能力"持一种健康的怀疑态度，那不失为好事，因为雅典的政体是由开明而高效的人妥善管理的。像英国一样，雅典海军也在海上巡逻，派遣殖民者到其他地方建立自治城邦，并促进商业发展。这座城市的有利影响甚至超过了齐默恩有时称之为帝国、有时称之为联合体的边界："因为这也是帝国主义使命的一部分——将他们最好的东西奉献给人类和各国……雅典不能退缩，正如大多数英国人认为他们不能失去印度一样。"事实上，用齐默恩的话来说，雅典人与波斯人缔结和平之后的那段时期，"可能是有史以来最伟大、最幸福的时期"。在其修昔底德式的结尾中，齐默恩解释了他如何认为雅典人可能表达了他们的领导权利：

> 我们是文明的领导者、人类的先驱者。我们的社会和交往是人类所能赐予我们的最大福气……我们已经发现了人类力量的秘密，那也是幸福的秘密……我们知道，它的名字叫自由，因为它教会我们，服务即自由。你想知道为什么我们"独树一帜"（是否会有另一个国家能理解我们的意思）？因为我们赐予他人我们的利益，不是基于私利算计，而是出于对自由的无畏信心。[3]

齐默恩描绘的理想主义给当代评论家们留下了深刻印象，尤其是他认为雅典帝国代表着自由，其基础是由法治所表达的一种与生俱来的无私美德意识。事实上，雅典是否像他所说的那样如此痴迷于自由，还有待商榷。奴隶制又作何解释呢？齐默恩明显淡化了奴隶制在经济上的重要性。如果雅典人如他所暗示的那样高尚和伟大，他们怎么可能在几十年的时间里，在伯罗奔尼撒战争中穷兵黩武，并在随后犯下暴行和屠杀？

但这种理想主义完全体现了他所处时代和环境的特征。19 世纪后半叶，在牛津大学，围绕着托马斯·希尔·格林这位魅力超凡的教师，出现了一个强大的新黑格尔主义学派。格林及其教导过和启发过的那些人——包括 19 世纪末英帝国统治阶级的相当一部分人——在德国思想中发现了一种强调伦理和共同体的自由主义，以替代当时盛行的强调自利和功利计算的自由主义。格林和他的学生们转变了自由的定义，并突出了公共意识在培养好公民方面的重要性。他们教导说，伦理不能与政治分开。自由的个人会意识到对其所属社群的道德责任，并在这种责任感中体会到自我的实现。他们将亚里士多德的《伦理学》曲解成某种弱化版的福音派基督教教义和强有力的康德学说，在希腊文本中发现了一种永恒的合群无私（sociable selflessness）理想，一种由互助伦理推动而趋向完美的政治体系。他们不关注政府的运作机制和法律的确切构成，认为最终影响变革的是人的思想——这里的人是指这样一些人，驱使他们的不是虚荣或私利，而是亚里士多德学派和斯多葛学派的理想，包括节制、自我发展，以及超越狭隘的局部利益看到整体利益的能力。就这点而言，他们是黑格尔主义者，因为他们相信历史进程的合理性，以及他们在这一进程中的先锋地位。但与黑格尔不同，他们并不完全信任国家权力，因为他们相信武力永远无法取代意志的战斗。他们融合了黑格尔和亚里士多德的观点，将变化视为人类自我实现能力的逐步展现。最重要的是，他们是康德主义者，有着康德那种将理性、美德和自由紧密联系在一起的特质。[4]

尽管这种路径的国际主义意涵很少被阐明，但在格林自己的作品中已经可以看到它们的雏形。格林认为，正如对个人一样，对社群和民族来说，自由的基础是自决，即没有外部强迫，而这种自由只有在用于为他人奉献的意识时，才有利于道德的完善。如果说民族主义是一种类似于天然的共同体意识，那么唯一可行的国际主义就是这样的：它承认民族——也许不是严格意义上的国家——的必要性，并为它们的合作创造可能性。因此，这并不是世界主义的一种形式，要以单一世界公民共同体的名义推翻对国家的忠诚，而是（对史末资来说）一个涵盖并通过民族主义这种天然的共同体情感来实现的全球秩序。不过，那种更大的秩序演变将不可避免：

格林本人曾幻想出现"一个权威基于各独立国家同意的国际法庭",并认为"人类在建立国家间组织方面的每一次进步"都倾向于出现这样的国际组织。[5]

1882年,格林去世,而就在这一年,以英国对埃及的占领为标志,欧洲殖民扩张开始进入新的疯狂阶段,并引发对非洲的争夺。这对他无私的仁爱信条构成了挑战,使帝国看起来更加肮脏不堪。然而,他所传达的开明政治家应具的风范的观点留存了下来,甚至得到了加强。就在齐默恩去牛津大学的时候,布尔战争促使 J. A. 霍布森写下他的名作,对帝国主义现象予以批判。尽管今天的人们之所以仍然记得这部著作,主要是因为它从经济学角度分析了欧洲掠夺土地的原因,但同样引人注目的是,它在更广泛的帝国问题上的矛盾立场。霍布森嘲笑了那种认为可以委托任何国家在国外发挥文明影响的想法,但他承认,相对于世界其他地区,西方的力量强大到无法抵抗,所以他理所当然地认为,"文明的白人国家"可以合法地控制"低等种族"的事务。在他看来,真正有害的,同时也是布尔战争起因的,是不受管制的贪婪,即金融帝国主义。当外交政策屈从于私人企业利益和对利润的追求时,金融帝国主义就取得了胜利。对霍布森、史末资、伍德罗·威尔逊以及他们那一代的许多人来说，问题的关键在于伦理：人类需要由利他主义而不是自私自利来引导。用霍布森的话来说，解决方案是对"科学的治国术"予以引导，以"增进世界文明，而不是让可怕的灾难发生，即反抗的奴隶种族将他们寄生的和堕落的白人主人踩在脚下"。从哲学上讲，他认为"社会功利原则"应该在国际范围内扩展，以定义"人性的善"（good of humanity）。而他的实际解决方案对公共治理的优点充满信心：建立一个可以监督西方殖民者行为的真正公正的国际机构。[6]

齐默恩的导师吉尔伯特·默里也有类似的感受。这位出生于澳大利亚的古典学者后来甚至比齐默恩更加热心支持国联。1900 年，在一篇题为《古代和现代对劣等种族的剥削》的文章中，默里试图"以纯粹的科学精神"解决由白人对"有色人种"的统治扩大所造成的"帝国劳工问题"。"那些我们不能利用的人，我们就消灭。那些我们可以利用的人，我们就保护他们，且通常能让他们的数量增加。"默里批判道，暗指的是他在澳大利亚的亲身体会。在他看来，由于白人势力在世界各地的扩张是不可阻挡的，对弱势民族的征服也是不可阻挡的。最好的希望就是通过公正的帝国管理者和法治来保护后者。[7]

年轻的齐默恩本人也强烈谴责自私的游说团体、冒险家和投机者对帝国理念的污染，但他对"科学的治国术"的可能性不如霍布森那么有信心，更加推重经典著作中所蕴含的崇高道德理想及其传播。1911年，《希腊联合体》出版，该书将格林的理想主义带入雅典政体，通过将许多耳熟能详的关于英国统治美德的古老比喻希腊化，并将它们与最现代的政治心理学方法相结合，从而将希腊作为一个自由主义帝国的典范呈现出来。书名是齐默恩特意选择的。他是"圆桌骑士"的成员，这个具有惊人影响力的研究小组致力于思考自治领与英国之间的关系，并对国际联合体问题非常感兴趣。小组成员主要来自牛津大学的年轻的理想主义者，他们接受南非高级专员米尔纳勋爵的指导，一直在寻求解决他们认为是当今最为紧迫的国际问题，即如何在英帝国白人殖民地日益增长的民族主义情绪与伦敦的持续统治之间进行调和。澳大利亚、加拿大、新西兰以及自1910年以来的南非联盟（更不用说爱尔兰）都在要求更大的政治权利。《希腊联合体》明确地指涉了这些当务之急：雅典式的"联合体"路线，将允许殖民地（或其中一些殖民地）在一定程度上自治，同时伦敦方面可以继续统治（和保护），并证明其合理性。[8]

这些联合体理论家对齐默恩的书进行了大量讨论。他们也认为，如果得到正确引导，英帝国可以接近"某些理想主义者所梦想的全人类联盟"。[9]值得注意的是，对齐默恩来说，英联邦/英帝国的最大优势在于其灵活性。正因为它缺乏明确的中央集权政府或清晰的宪制体系，它才能演变和适应他者的政治愿望：英帝国的强大，乃源于一种共同意识的出现，而非政治机制的结果。像所有经久不衰的政体一样，它本质上是一个由共同的道德目标和文化统一起来的社会有机体。我们可以看到齐默恩、默里等理想主义者与霍布森、伦纳德·伍尔夫等具有社会学倾向的思想家之间分歧的萌芽：对前者来说，无论多么迫切需要，国际组织本身都不是解决世界秩序问题的答案；除非人的思想发生更深层次的转变，除非国际组织能促进一种把不同国家人民联系在一起的新意识，一种新的全球共同体意识的有机出现，否则它们难以为继。如果它们能运转起来，也会很慢，而且需要时间。[10]

在这种对移民殖民地的持续关注中，我们还可以看到，人们不愿意完全正视霍布森所指出的令人不快的事实，即 1880 年代，在新帝国主义思潮的驱动下，欧洲已经将世界大部分地区置于自己的统治之下。在这些殖民地中，移民——如果他们确实存在的话——也只占人口的极少数；对当地商品和劳动力的经济剥削是占有这些殖民地的根本原因。古希腊的殖民统治——实际上是古希腊的价值观——似乎为英国处理其与新西兰或加拿大的关系提供了模板（前提是不去考虑这些国家的原住民的命运），但几乎不适用于印度或非洲殖民地的情况。[11]

"一战"期间，齐默恩和"圆桌骑士"的其他成员进入战时政府，为政府决策提供服务。当他们开始进行激烈讨论——这些讨论是他们为国联的建立所作的贡献——的时候，正是联合体的理念塑造了他们的思想。毕竟，联合体表明，国家组织和国际组织并非互不相容，相反可以相辅相成。在《联合体问题》这一详尽的战时研究中，"圆桌骑士"理论家莱昂内尔·柯蒂斯写道，在落后种族最终被带领进入文明世界的过程中，联合体负有为他们"服务的特殊义务"。因为格外相信对于建立国际组织而言，重要的是民族情感而非国家主权，齐默恩乐于将英帝国作为建立这类组织的模式，在其中，实力较弱的民族，无论有或者没有（就更原始的民族而言）某种形式的自己的国家，都可以享受与强权联合的好处，而且单个国家的能量最终完全可以在普世的整体之中得到调和。正如他在战争即将结束时所说，必须以一种更为崇高的人性理想，即"联合体原则"，来反对德国的军国主义。[12]

对于一些"圆桌骑士"的成员来说，这种联合体构想近乎神秘，但"一战"让这种信念变得更加现实。而就基本假设而言，它很容易与美国总统伍德罗·威尔逊同样崇高的世界观相吻合。长期以来，威尔逊信奉基于有机社会的"权力共同体"概念，这个概念对国家作为法人团体的基本特征有着相似的信念，对自由主义中更具个人主义的自我中心原则有着相似的厌恶。对伍德罗·威尔逊来说，民主和自由的价值，同样在于它们允许公民将自己视为一个更大整体的一部分。（用威尔逊的话说，现代民主不是多数人的统治，而是"全体人"的统治。）[13]

正如我们已经指出的，在形塑国联的细节方面，此时史末资和白厅的影响，要远甚于伍德罗·威尔逊总统或美国主要的国际主义圈子。毕竟，威尔逊实际参与计划的时间比较晚。战争期间，他不赞成讨论战后世界组织的形式问题，1918年之前主导美国公众辩论的激进主义版本和法律主义版本最终都被他无视。相反，他决定采用和修改的是英国白厅在此前三年中制订的综合性的草案。史末资在宣传草案的总体理念方面发挥了关键作用，但具体的起草工作大部分是由年轻的阿尔弗雷德·齐默恩完成的。作为1917年新成立的国联协会的创始人之一，他于次年被任命为英国外交部国际和平组织事务部门的负责人。[14]

齐默恩后来总结了"一战"期间协约国方面出现的各种关于战后国际组织的非官方方案。其中，大多数方案主要涉及国际法的编纂、建立防止战争的保障措施，以及建立成员之间的和解和仲裁机制等方面的内容。这些方案不愿意赋予未来的国际组织太多的权力或永久性，不允许它在解决国际争端之外承担更多的职能，也不愿让它向世界各国普遍开放。一些人认为，应扩大《海牙公约》所体现的法律主义；另外一些人则主张万国邮政联盟和类似的专门社会经济机构背后的技术路径是国际组织的未来。这两派似乎都没有充分意识到，建立一个承担现代主权国家某些核心职能的普遍性国际机构，将涉及哪些内容。对于齐默恩来说，需要的既不是"一个律师的白日梦"（他对法律主义者的含蓄批评），也不是通过"市政国际主义"*（这里暗指伍尔夫的费边社蓝图）"偷偷溜进国际社会"，而是一个以已经萌芽的世界公民意识为基础，且培养这种意识的组织。在描述自己的想法时，齐默恩再次回到了"古代雅典这个产生了西方世界的自由和法律这对孪生概念的社会"，以及"雅典历史上与今天文明世界相对应的时刻"。他认为，世界呼唤的是一位理解情感重要性的立法者，就像梭伦那样，他让雅典人成为公民，并让他们都"竭力维护正义"。[15]

　　在 1918 年的一段短暂时间里，齐默恩扮演了这样的角色——如果不是梭伦的话，至少也是他的法案起草人。作为英国外交部处理国联事务的部门负责人，他拿到了英国的战后国联早期草案，并对其

---

* 原文为 gas and water internationalism。费边社主张通过扩大市政当局对煤气、电力、自来水工业和其他公用事业的所有权，逐步实行社会主义，即所谓的市政社会主义。

进行改造。他呼吁建立一个拥有常设秘书处的定期会议制度（基于战时英国帝国会议的理念），并寻求各国普遍加入。国际律师、外交官和技术人员都将拥有用武之地，但所有人会发现，是一个秘书处在协调他们的工作。同时，用齐默恩的话说，这个秘书处将"成为各种官方国际合作的中央瞭望塔"，并鼓励对国际问题的进一步研究。

齐默恩与美国人的观点对立，在这个问题上尤其尖锐：伍德罗·威尔逊要求这个新组织"保证"民族边界，并强调民族自决思想之于解放（emancipatory）的重要性，齐默恩认为这在政治上是幼稚的。多亏了历史学家路易斯·纳米尔、阿诺德·汤因比和罗伯特·西顿—沃森等供职于外交部政治情报局的同事，齐默恩比那些为威尔逊提供咨询的美国人更清楚东欧族群的巨大复杂性。对于民族国家组成的世界将带来和平的想法，他在战时会谈和文章中提出了警告。他还警告说，在世界上那些"民族情感尚未发展"的地区，不要过于严格地划定国界。即使在那些已经存在民族情感的地方，将其作为政治组织的基础的话，会埋下灾难的根源。这里他暗指东南欧遭受的痛苦。他还提出了少数民族权利保护这一棘手的问题，不过他警告说，不要让国联以保护少数民族的责任为名或以其他方式干预各国内部事务。[16]

当齐默恩认为东欧的民族主义仍在发展，他没有在非洲看到任何民族主义发展的迹象。与史末资（他深受齐默恩整体方法的影响）一样，他也谈到了托管和文明国家对落后民族的道德责任。但与史末资不同的是，他认为，热带非洲的监管，尤其应该委托给一个能够从"国际主义"角度思考问题的多国委员会，"可以这样定义国际主义，即从整个世界的角度来看待问题的习惯"。这种观点相当接近霍布森和其他激进的英国左翼国际主义者自20世纪初以来一直推行的观点，也正是在这里，像殖民地的其他民族主义者一样，史末资坚决地与齐默恩的草案分道扬镳。在巴黎，他们质疑了对"更落后民族"进行国际管理的可行性，并希望将德国在太平洋地区和非洲的殖民地完全排除在新的委任统治制度之外，理由是这些殖民地"居住着的野蛮人，不仅不能自我管理，而且对他们来说，适用任何欧洲意义上的自决思想都是不切实际的"。[17]

这是一个对未来至关重要的分歧：世界上最落后的民族是否为民族意识做好了准备？在巴黎和会期

间，谈判代表们的解决方法是在可预见的未来保留对这些民族和地区的国际监管，从而导致这个问题悬而未决。史末资是一方，他对此表示怀疑。另一方是美国人，用一位英国观察家的话来说，"对民主的美德怀有孩童般的信仰"。齐默恩相信"文明控制"的教育功能。然而，几乎对所有相关人士来说，至少在西方国家，这基本上是一个长期问题，而委任统治概念则允许他们回避这个问题。[18]

齐默恩和史末资看法完全一致的地方，就是都认为有必要建立新的世界组织。他们都同意必须在两个极端之间走一条中间路线。其中一个极端是战争期间非常流行的激进建议——诸民族国家应该被一个民主的、强大的世界国家所取代（齐默恩对此感到恐惧），另一个极端是保守主义者采取的更加谨慎的态度，他们认为帝国不应该受到任何新责任的限制，除了偶尔不得不与其他大国进行会面协调，就像 1815 年拿破仑战败后发生的那样。齐默恩和史末资一样，拒绝了这两种观点。他讨厌 H. G. 威尔斯呼吁的建立一个强大的世界国家的想法。在他看来，这太僵化，太不切实际，而且只会预示着镇压，而真正的国际共同体需要每个人拥有共同的道德目标。

但他也讨厌非常松散和非正式的大国协调的想法，因为这违背了人类社会能够超越国家而获得进步的观念，并暗示着对国际事务的悲观态度，而他并不悲观，尽管世界上还存在战争。他认为，在正确的指导下，世界各地的人们根本没有理由拒绝和睦相处，旧有的均势必会被更现代——因为这将反映当代世界的经济互赖——和更令人向往的东西所取代。[19]

因此，齐默恩建议和谈代表们考虑的是某种比不定期的会议更具持久性，但比建立一个世界国家要少得多的东西。国联将正式建立并持续存在，但实质上是一个大国论坛，大国将在承担很少（如果有的话）正式义务（肯定比伍德罗·威尔逊寻求的要少得多）的情况下继续作出重大决定。它将在"每个［政府］都保持自己的独立性并对自己的人民负责"的前提下，为举行"政府与政府之间的会议"提供机会。[20]与此同时，从英国的角度来看，支持建立国联也有一个更具体的目的，那就是巩固英帝国与美国的关系。"一战"已经证明，英帝国要想继续维系，就必须巩固与美国的关系，特别是在建设和平进程中让美国人分担"世界治理的重任"。[21]换句话说，人们可以从普世主义视角看待国联，相信它将带来一种新的全球共同体意识，也可以从帝国主义视角看待国联，将其视为英国现在与美国人合作以继续保持世界领导地位的先决条件。

对齐默恩来说，这两种国际联盟是一回事。毕竟，他认为英联邦"既不是英国人的，也不是盎格鲁-撒克逊人的，而是一个世界性的实验"。[22] 换句话说，如果有人像他那样相信英帝国是当时的雅典，保持并扩大其影响力是给世界带来（真正意义上的）自由的途径的话，那么，国联实际上可以同时为帝国的事业和人类更广泛的利益服务。由于笃信其事业的道德正义性，英国人不可能放弃自己的世界地位，就像伯里克利时代的雅典人不可能放弃自己的世界地位一样。相反，通过扩大其公正统治的影响力，他们会让那些被自私自利的暴君统治的人民习惯于法治、自由贸易的好处和便利的国际交流。对于齐默恩这样的人来说，1918年后英国向中东等新地区的势力扩张不能被视为帝国主义，因为它既不是出于自私自利，也不是出于贪婪的野心：多亏了英法两国在国联委任统治委员会监督下的委任统治，奥斯曼帝国统治下饱受煎熬的人民现在才得以纳入现代文明的轨道。同样也是因为国联，东欧各民族可以享受自治的权利，如果他们不得不接受国联对他们管理少数民族的方式进行监督，那仅仅是因为他们在这些方面缺乏经验，需要在治理术方面经验更为丰富的人为他们提出明智的建议。毕竟，希腊文化教导人们，通过教育"不习惯运用权力的民族"用哲学规训政治，可以将"野蛮人"引导进文明人的"城邦"。这样，他们就会从沙文主义中解放出来，并看到"伟大而普遍的正义和自由概念"的真正意义不仅仅是"地方自我意志（self-will）的流溢"。[23]

在当时，国联显然是做不到这点的。它既不是一个处于萌芽阶段的世界政府，也不是一部旨在为世界其他地区带来政治独立或瓦解欧洲殖民帝国的全球民主机器。相反，在白厅看来，它是一种手段，用来保持并在事实上扩大英国的影响力，以巩固英美在世界上的领导地位，同时在欧洲这个对英国来说乃世界上最重要的地区，创建一种新秩序。帝国和自由不仅相容，而且前者的存在对于后者的逐渐扩张不可或缺。用齐默恩在《希腊联合体》中的话来说，"服务即自由"。

美国参议院拒绝美国加入国联，这是对支持这一战略的人们的重大打击。但齐默恩起初对此并不担心。这合乎逻辑，因为齐默恩相信现代世界的发展状况正在强化他所信奉的新国际主义。1922 年，他写道，欧洲"正处于恢复期"，可能需要"重新评估我们的西方价值观……向看不见的世界注入新动力"。但他对那些经历过战争的年轻人充满信心，相信他们能够揭开长辈们的伪装，并要求在国家间开展合作。而且，从积极的方面来看，他欢迎非洲大陆上的新独立国家"主要以英国模式"崛起。他认为，这些国家的出现不仅意味着 19 世纪均势政治的终结，而且"在欧洲现代史上首次使得欧洲国家之间的真诚合作成为一种可能的政策"。不过，更了解东欧事务的人肯定不会轻易作出这样的判断。[24]

在齐默恩看来，成功巩固新国际体系的关键——希腊的影响在这里显而易见——是用教育来促进精神的转变：必须鼓励人们把"世界看作一个整体"。世界和平的解决方案不在于纠正国际组织的细节，而在于"对个人进行社会教育"：这里他延续了托马斯·希尔·格林的价值观。威廉二世统治下的德国提供了学校教育的反面例子，它让学生觉得自己应该忠于国家而不是忠于彼此，并且向他们反复灌输要以民族文化的独特性而不是人文主义的普世价值为豪，结果就是军国主义和世界大战。因此在两次世界大战之间，齐默恩辞去公职，重新开始其作为大学教师和教育者的职业生涯。他先是在亚伯大学新成立的国际关系学系担任教授，后又当选牛津大学首任蒙塔古·伯顿国际关系学讲席教授。其间，他还在康奈尔大学讲课，并帮助国联主持其设在巴黎的国际智力合作研究所。

他深爱的希腊人仍然指引着他。正如他在 1931 年的牛津大学就职演讲中所写的，世界面临着在"希腊化"和"回到黑暗时代"之间，以及在"试图教化野蛮人和放弃我们自己的城市"之间作选择，而国联的成功与否取决于这种思想和精神上的重新定位。它当然不依赖于国际法的表述之类的技术问题，齐默恩认为国际法具有矫揉造作的倾向，对其抱有怀疑。事实上，他批评国联仅仅通过促进统一的和标准化的国际法体系就可以维护世界和平的建议"不仅幼稚，而且……荒谬可笑"。[25] 同样，齐默恩认为，国联确切的政治地位问题完全是次要的——就让政治科学家们头疼去吧。"在国联和'英联邦'或'帝国'这两个类似例子中，试图为新的、前所未有的政治实体找到合适的旧式政治标签都是徒劳的。"如果有的话，那就是，它是一种"合作工具"。令人吃惊的是，他给国联本身贴上了"政治无能"的标签，认为只有各成员国人民的意志才能给它注入生命。[26]

正如这些评论所表明的，如果认为齐默恩这样的国际主义者真心实意地支持国联，或者忽视了对他们来说一直特别重要的帝国主义层面的话，那就大错特错了。在1926年哥伦比亚大学的一系列演讲中，齐默恩明确表示，他仍然认为英帝国才是世界上最大的希望，而不是国联。根据他的说法，能成为世界最大希望的不是第一英帝国，它在美洲殖民地分裂时就终结了，也不是在世界各地掠夺土地的第二英帝国，一般认为它在"一战"期间与欧洲大陆其他帝国一起崩溃了，而是他所称的"第三英帝国"，它现在围绕着他所钟爱的英联邦概念在运行。"一战"后，英国赋予自治领新的权利，表明了某种宪制上的活力和灵活性。这种活力和灵活性并非基于法律本身的发展，而是诉诸共同的文化规范（齐默恩对此颇为赞成），并且开始更多地诉诸（齐默恩不太认可的）"英国种族情感"。[27]他认为，1920年代的这个新帝国是世界的典范：它之所以能撑过战争，是因为它拥有其竞争对手所不具备的"自由精神"

和"自由制度";将它维系在一起的纽带"不是物质的,而是精神的","武力的纽带"已经逐渐转变为"消极默许的纽带"。这种论点忽略了印度或非洲殖民地,那里甚至正如他所写的,反抗英国统治的情绪和行动正在聚集。但齐默恩坚信,是道德力量而非军事或警察力量将英帝国这个"世界上最大的单一政治共同体"团结在一起,并将其变成了"当今世界抵御战争最可靠的堡垒"。[28]

他将英帝国描述为一个正在形成中的世界共同体,这个文化和种族多元的帝国由各种各样的共同体组成,它们"处于走向完全自治过程中的不同阶段"。(正如我们将要看到的,日本的帝国理论家们同意以下观点:国联基本上是一个欧洲俱乐部;英帝国为世界共同体提供了真正的榜样。)根据齐默恩的说法,这场以自由之名进行的战争加速了英帝国解放的态势。他高兴地指出,印度尽管缺乏自治,但已经被接纳为国联成员国;委任统治制度使前殖民国家变成了受托人;几年后,埃及从奥斯曼帝国的一个行省变成了英国的保护地,并最终获得独立。与此同时,英帝国也开始意识到有必要通过国联来进行国际合作;事实上,国联通过支持以国家为主体的新国际社会的建设，"至少提供了一个体系轮廓，足以取代1914年一战爆发后英国业已失去的体系"。因此，国联是英帝国的解围之神（deus ex machina），英帝国要想生存就得找到新的位置，成为"更大的国联中的联盟，更大的社会中的社会"。

但国联也需要英帝国，因为作为一个新来者，它仍然缺乏英帝国所拥有的"道德权威"。对于齐默恩来说，实际上只有一个领域会严重损害英国的权威，那就是种族平等问题。而齐默恩与史末资正是在这里分道扬镳，这反映出英国自由主义者对帝国的看法存在分歧，而这种分歧将在未来产生重大影响。和史末资一样，齐默恩觉得"白人的威望"已经被战争和科技知识的传播削弱了。与史末资不同的是，他认为如果不丢掉他一直认同的英国人的道德优越感，就无法阻止这一进程。这就是为什么在他看来，不能限制非白种人运用民族自决原则——他将其独特地定义为"在其更深层次上，是一场肯定人类个性的运动"——来寻求独立。1919年，日本在巴黎提议让国联致力于种族平等但遭到失败，齐默恩对此表示遗憾。他呼吁各国接受"英国已确立的完全平等的……种族区分原则"，期待印度政府在英国支持下，再次提出日本倡议的那一天的到来。他排除了史末资式的方案，即支持英国在"白人至上基础上"的永久帝国统治。他总结道，在这个意义上，世界和平有赖于"英国人的道德勇气"。再一次，世界秩序和各国人民之间的稳定关系更需要道德领导，而不是新的制度和法律。[29]

1934 年，齐默恩的《第三英帝国》第三版出版。自由国际主义者内部刊物《国际事务》的一位评论员称赞其提纲挈领地描述了"一个稳定的有组织的世界体系赖以建立的那种国际合作的好范例"，表明了"没有任何法律制裁能像自由和自发的合作意愿那样有效和持久，而这正是今天英帝国真正的基础"。[30]然而，即使接受齐默恩所描绘的问题重重的帝国图景（正如上面提到的，这幅图景令人难以置信地略过了维系帝国统一所需的十足的高压统治），人们又怎么能确定世界上的其他国家会按照齐默恩赞同的方式来思考帝国的未来？用他的话说，人们如何能确定"欧洲大陆和亚洲的人民，更不用说南北美洲的人民，都已经变成了英国人"？[31]

齐默恩也不得不承认，世界上很多人还没有国际思维，需要帮助。最终，世界各地的人们都会意识到战争是非理性的，不过在理性的政治家和政策制定者维护和平的同时，教育工作者可以推动这一进程。在两次世界大战期间为促进国际主义和重新评估欧洲价值观而设立的机构，并非只有国际关系学讲席教授职位和国际智力合作研究所。齐默恩还与一些开拓性的外交政策智库的建立有关，比如伦敦的国际事务研究所和纽约的外交关系委员会，它们是姊妹机构，旨在帮助巩固英美在世界上的领导地位。此外，他还同信奉威尔逊主义的学者保持着密切联系，从而使美国没有被排除在国联大门之外，比如哥伦比亚大学教授詹姆斯·肖特维尔，他们在国际智力合作研究所共事过。[32]

但随着法西斯主义的蔓延、经济衰退对自由资本主义的破坏以及希特勒的上台，将世界和平的希望寄于自由主义教育——无论是基于希腊人的永恒价值观，还是将这些价值观转化为现代价值观的国际关系新学科——充其量只是一项堂吉诃德式的冒险。被齐默恩寄以极大信任的知识分子之间就和平主义展开了争论。一些人坚持认为，有必要将国联变成一个民主国家联盟，并拥有自己的国际警察部队作为后盾。另一些人，比如齐默恩，对此则感到不寒而栗，因为这违背了他对理性和精神变革力量的信仰。然而，他自己的希腊化进程显然失败了。左翼和右翼强大而自信的激进意识形态的崛起，揭露了齐默恩道德理想主义的现实局限性，也暴露了其文化自觉性的缺失。托马斯·希尔·格林的理想主义或许适用于1880年代的帝国精英，但"联合体原则"却无法应对希特勒的挑战。此时的齐默恩更像一位郁郁寡欢的校长。1938年，他对"国际道德伦理标准的下降"感到惋惜，并承认他期许的能够带来进步的三种力量——基督教、"我们英国的行为标准"和国际法——都失效了。各国继续追求自己的利益，"德国的心灵"没有经受住纳粹主义的诱惑，国际舆论亦未能遏制战争的趋势，这些似乎都令他感到震惊。他先前对政治生活的社会经济维度很感兴趣，现在这些兴趣显然已经消失，剩下的只是对国际道德崩溃的抱怨，完全不见对均势或战略利益的任何分析。

正是在这个时候，发生了一场将对随后的国际关系研究产生重大影响的辩论，历史学家 E. H. 卡尔指责齐默恩（及其他人）一厢情愿，缺乏现实主义，未能承认权力在国际事务中的首要地位。卡尔的《二十年危机 1919—1939》既受到了广泛赞扬，也遭到了猛烈抨击，特别是在"二战"后，持现实立场的理论家们会反复阐述该书对"理想主义"的摧毁。同时代的人就没那么震惊了：一位批评家敏锐地指出，尽管卡尔似乎把道德视为权力的对立面，但他从未真正界定过这个说法的含义；把道德和乌托邦联系起来，把权力和现实联系起来，是很好的做法，但其结果是，会让道德价值在塑造社会现实方面显得不如权力那么真实。至于齐默恩，他坚持己见，憎恶道德相对主义。他认为，"逃避善的概念……或者拒绝承认一种外交政策或民族传统或政治事业可以比另一种'更好'"是没有好处的。事实上，很多评论家在对齐默恩的作品进行评论时常常忽略一点，即他的作品与其说是对事件进程的公正评估，不如说是对道德和政治进步的规劝。当然，这是可以理解的。[33]

然而，"二战"确实削弱了齐默恩对欧洲复兴的可能性的信心，并最终削弱了他更为珍视的东西——他对英帝国的信心。到 1940 年代初，他已经确信，世界未来的唯一希望在于说服美国发挥领导作用，而此前这个角色一直是留给英国的。他曾在战时的英国外交部从事过一段时间的战后规划工作。在英国生物学家朱利安·赫胥黎取代其成为国际智力合作研究所的负责人之前，他作为主要角色参与建立了联合国教科文组织，而该组织的前身正是国际智力合作研究所。（在1940年代中期的环境下，他和赫胥黎对国际智力合作的意义产生了严重分歧。对齐默恩来说，这意味着保持自由主义价值观，并支持西方进行"道德的重新武装"以捍卫自由。对赫胥黎来说，这种合作既落伍，又不必要地具有攻击性：他提倡传播科学人文主义，让人们跨越意识形态的界限，团结在客观科学真理的基础上。）1947年，由于对职业前景感到失望，齐默恩离开英国，前往美国。[34]

他要前往的是一个自己一直推崇的国家。在杜鲁门主义出台和马歇尔计划实施的那一年，六十八岁的齐默恩为这个年轻的超级大国登上世界舞台而欢呼。他在一篇题为《雅典与美国》的文章中强调了古希腊人和现代美国人的相似之处：他们都有着"惊人的活力和新鲜的思想"，甚至能让"来自旧世界的疲惫而气馁的游客"重新焕发活力；都欢迎移民，具有非凡的文化同化能力；都有一种"扩张性"——亚历山大大帝不是得益于马其顿方阵（"当时的原子弹"），从而传播了希腊文明的精神吗？正如面对波斯人的威胁，雅典人联合希腊人的力量捍卫文明（"严格意义上的文明"），他也为华盛顿的联邦主义者提供了一种领导模式。当然，这个故事的结局可能会很糟糕：齐默恩回忆起雅典人的狂妄自大和对米洛斯的远征，如果缩略地来看，他们在那次远征中的表现与纳粹没什么不同。但其论调的要旨却非同寻常，甚至令人难以置信：他现在宣称，从公元前5世纪到1945年后美国的崛起，"世界事务的主导权从来都不掌握在致力于立宪民主原则的人民手中"。在随后出版的《美国通往世界和平之路》一书中，他详细阐述道：事实证明，罗马帝国是对希腊原则的败坏，它的遗产以反自由主义的方式感染了欧洲历史；美国的联邦主义是希腊民主的真正继承者，因此也是世界维护国际和平的最大希望。书中几乎没有提到英帝国，而半个多世纪以来，齐默恩一直相信英帝国是一股向善的力量。齐默恩现在提出，从伯里克利到杜鲁门以来的两千年里，世界一直在彻底的黑暗中饱受煎熬。幸运的是，"欧洲时代"已经结束，世界精神继续向前发展，现在正是美利坚合众国而不是英联邦最有可能使《联合国宪章》"像雅典法律适用于雅典人一样，成为适用于全人类的真正的宪法"。美国已经用自己的历史表明，可以通过灌输一种充满活力的社会道德意识，将法治思想传播到众多不同的民族当中。只有美国才能可信地在全球范围内推行法律和自由。[35]

＊　＊　＊

当时，齐默恩在美国政治学家中享有很高的声望，但他对美国宪法发展的解读，却让他们觉得他既无知又乐观。更为根本的是，当评论家和知识分子就美国崛起为世界强国的意义展开辩论时，齐默恩研究国际事务的整个路径受到了挑战。1950年代，国际关系学已远离齐默恩的遗产，甚至在将自身重塑为有关冷战的社会"科学"之前，就已经受到现实主义学说的迷惑，这种把权力和力量牢牢地放在中心位置的学说，以坚定的利己主义伦理为傲。1951年，美国国际关系学领域最有影响力的人物汉斯·摩根索对美国外交政策中的乌托邦思想发动了猛烈攻击。他认为这种思想先后导致伍德罗·威尔逊、罗斯福和杜鲁门以高尚但天真的国际主义危害国家利益。希腊人现在又得到了新的解读——只不过这一次，既不是亚里士多德，也不是柏拉图，而是修昔底德提供了灵感。在摩根索看来，国际政治事关悲剧性的冲突和竞争，而非在互利中追求美好的生活。每个国家都为自己的利益而战；除非基于共同利益，否则合作是不可能的。这种处理方式是齐默恩一直不喜欢的。他会说，他相信责任政治而不是强权政治，他认为道德是世界事务的基本要素。[36]

早在"二战"之前，就开始存在一种固执的、沾沾自喜的观点，认为世界正在趋同于单一的国际文明价值观，这种价值观根植于经典著作，但以欧洲，尤其是维多利亚时代的英国作为典范。那么，什么样的欧洲文明可以令人信服地将英国、法国、纳粹德国、法西斯意大利和苏联包括在内？1929年，约翰·菲舍尔·威廉姆斯爵士承认，"作为一个有别于世界其他地区的民族或国家共同体的概念，'文明社会'已不再符合当代生活的主要事实"。两次世界大战之间的欧洲民主危机加速了这种信心的消退。到1940年代，自由主义景观出现分裂：一方的代表是世界史学家阿诺德·汤因比，他承认通往普世主义的维多利亚时代的道路已被堵死；另一方则试图通过西方例外主义或美国例外主义的概念来恢复普世主义，以冷战时期的大西洋主义者为代表，而齐默恩现在就是其中一员，他们认为"西方"文明的概念是永恒真理的新容器，是一种将世界领导权的火炬传递给美国的方式。冷战初期，英国外交大臣欧内斯特·贝文向美国国务卿乔治·马歇尔建议促进"西方文明的精神联合"，而英国历史学家爱德华·伍德沃德则向美国学生讲授"西方文明的遗产"，并警告他们，为了全世界的"美好生活"，美国必须介入并拯救欧洲。汤因比则担心，这样的言论预示着"一个即将到来的美利坚世界帝国"开始出现。[37]

齐默恩肯定不会像汤因比那样担心。他希望美国的支持将使联合国取得成功。他有理由感到乐观。"二战"后，美国公众对这个新的世界机构的热情高涨，他以前的学生也在杜鲁门政府中崭露头角，影响日盛。其中一位是美国国务院联合国事务办公室负责人迪安·腊斯克，他试图将联合国大会变成一个可以绕过苏联否决权的亲美工具。对此，齐默恩表示支持，并在1947年敦促腊斯克在联合国推行"美国计划"。但腊斯克提醒他曾经的老师不要期望过高：他本人对联合国在"杜鲁门主义"和"马歇尔计划"

中没有发挥任何作用感到失望，但逐渐接受了这一事实，即联合国的结构意味着它大体仍将只是追求美国利益的一个次要论坛。[38]

简言之，当苏联暂时退出安理会时，腊斯克确实能够按照他和齐默恩设想的方式利用联合国。1950年6月，正是腊斯克发挥了重要作用：他利用苏联代表缺席安理会的机会，起草了《联合一致共策和平》决议，并通过对《联合国宪章》的创造性误读，得以将其递交联合国大会讨论，从而争取安理会支持在朝鲜半岛采取行动。这一行为表明了齐默恩式的意愿：利用这个新的世界机构捍卫美国所定义的自由。齐默恩当时辩称，安理会已成为国际行动的绊脚石，因此他赞成将相关事项提交联合国大会决定，同时对地区集体安全联盟的兴起持支持态度。但到了1950年代中期，很明显，美国与联合国的暧昧关系基本上结束了。腊斯克认为，"人道主义外交"是美国全球使命的一部分，美国应该"带头提高国际社会的道德水准"，因此需要一个有效的联合国。所有这些都与齐默恩长期以来的信念相呼应。然而，面对美国的目标是追求世界霸主还是维护世界机构这样的分歧，两人都毫不犹豫地选择了前者。对他们来说，重要的是让世界接受自由价值观教育，而不是支持联合国本身。[39]

至少按照齐默恩的定义，道德的传播需要世界领导，而领导世界的责任落在了美国而不是联合国身上。必须通过"权力的有益使用"及其"文明的影响力"来领导"国际社会"的是美国，而不是联合国。如果美国停止以"责任政治"和"法域扩展"的方式培育联合国，将会发生什么？关于这个问题，齐默恩并没有论及。他最愿意承认的是，世界上的其他国家很难意识到美国并不是一个传统的大国——"仍然有许多国家，特别是非白人国家，尚未使自己相信美国政府和人民，也没有认识到现在占据世界政治舞台中心地位的大国，跟它的欧洲前辈截然不同，代表着国际关系的新原则和新行为标准。"[40]

齐默恩的观点似乎带有维多利亚时代的特征，他对政治家和决策者的专业知识和远见的信奉已经过时了。人们可能会质疑，一个人能否意识到一个全球性的道德共同体，如果没有与之伴随的概念包袱（conceptual baggage）的其他部分，包括对单一（西方）文明的信仰、黑格尔式的对世界领袖的需求和赞扬、作为伦理实体的国家概念，以及对任何道德相对主义因素的拒绝。然而，即使在今天，许多评论家似乎也喜欢"国际社会"（这个词可能是齐默恩发明的）的概念，它不是由正式的规范，更不是由国际组织及其烦琐且自私的官僚机构，而是由一种共享的道德共同体意识联系起来的。在更近的意义上，还有很多人，尤其是在美国，仍然生活在齐默恩的影响下。他们和齐默恩一样，认为世界领导者的行为永远不能主要受自身利益驱使：它追求最好的结果，即使它的表现可以被质疑，但它的动机却不能被质疑。在政治光谱上，他们相信世界需要一个领导者，而这个领导者只能是美国。美国前国务卿奥尔布赖特曾发表过众所周知的观点，说美国是"不可或缺的国家"。法里德·扎卡里亚把美国的力量描述为"不仅对美国有利，[而且]对世界有利"。[41]詹姆斯·特劳布的《自由议程》一书，毫不留情地分析了小布什政府的新威尔逊主义的失败之处，最后得出结论，存在缺陷的只是执行过程，而不是基本理念。2006年，普林斯顿大学的政治学家们撰写了一系列重思美国国家安全战略的建议，名为《铸造法治下的自由世界》。他们认为，在一个联系日益紧密的世界中，美国是一股向善的力量，就像齐默恩曾经所设想的英帝国一样。他们也力主自由的扩张，并认为他们的价值观的胜利几乎是无可阻止的。而这些价值观恰好也是美式的和普世的。正如齐默恩从联合体的角度谈论帝国而淡化其强制和暴力基础，他们也是这样谈论美国在"网络世纪"中的"优势"，将"连通性"定为新的权力衡量标准。具有讽刺意味的是，这使他们非常接近哈特和奈格里所普及的新马克思主义对 21 世纪帝国的想象，尽管他们刻意避免承认这种情景中的任何统治元素。毕竟，自由帝国怎么会有强迫呢？人们可能会认为，20 世纪和 21 世纪初发生的事件，会让人们很难认真对待有德性的霸权（virtuous hegemon）这一概念，也很难认为世界上最强大的国家是最适合定义共同目标的。然而事实似乎并非如此：谁应该决定什么对世界有益，这个问题对当今的国际道德家来说似乎仍然是不言而喻的，就像一个世纪前齐默恩认知的那样。[42]

第三章

国家、难民和领土：
犹太人和纳粹新秩序的教训

对于史末资或齐默恩等国际帝国主义者来说，与法西斯的斗争并没有从根本上改变他们长期以来提出的建立国家联合体的主张。人们当然要从国联的崩溃中吸取教训——首要的是，任何取代国联的组织都需要在内部确保大国团结一致。但在本质上，他们认为新的联合国组织的目标与其前身相似。它将成为一个工具，用来缓冲英帝国的颓势，巩固英美关系，并接受苏联已成为世界强国这一可以容忍的事实。通过维持和平，它将维护欧洲及其诸继承国（successor states）的全球霸权。

这些都是重要的国家，用齐默恩的话来说，都是理解或者应该理解如何用哲学对政治进行规训的国家。1919年的解决方案禁止非洲和东南亚地区适用民族自决原则，但将其扩展到了中欧和东欧。正是在欧洲的边缘地区，两次大战之间的边界争端和愤怒的少数民族引发了世界秩序的核心问题：如何在民族国家体系中实现国际和谐？如果相互承认的民族国家将构成未来国际体系的基本组成部分，那么如何防止它们之间的紧张关系——这种紧张似乎是战前和两次世界大战之间的欧洲国家体系所固有的——再一次引燃战火？

正如白厅许多人一直担心的，1918年之后民族自决的胜利只是用一个问题取代了另一个问题。史末资、威尔逊和齐默恩（热情程度不同）都对民族自治原则的扩展表示欢迎，但他们很快意识到，他们现在面临着新的问题——如何防止少数民族问题成为国际冲突的主要根源。这可能是两次世界大战之间欧洲大陆外交面临的最重要挑战，也是国联显然未能解决的问题。国联开创性地确立了保障少数民族得到善待的法律机制，但它们从未奏效，因为大国从未准备坚持要求其东欧盟友尊重这些机制。

由于德意志人是东欧地区最大的单一少数民族，少数民族权利制度的不足在柏林引发了越来越多的不满。1933 年之后，纳粹主义自诩为国联的替代者，致力于在法律未能保护海外德国人的情况下使用武力，并通过战争和粗暴的人口政治重划东欧边界，以彻底铲除少数民族。纳粹主义的崛起表明，民族主义有可能导致大规模驱逐不受欢迎的人群，从而造成大规模难民潮，加剧整个欧洲大陆和其他地区的紧张局势。

当然，纳粹欧洲构想的核心是消灭欧洲大陆上的犹太人。因此不可避免地，这些关于国籍、无国籍和少数民族权利的更广泛的议题，围绕着犹太人问题而得到具体化。由于作为巴勒斯坦委任统治国的英国在这个问题上的无能，推动全球更加积极地回应难民危机的任务就落在了美国身上。本章探讨那些关注纳粹在欧洲的统治的战时分析家，如何根据他们对战争期间发生的事情的解释，为少数民族权利、民族自决和难民救济的未来制定方案。特别是，随着"最终解决方案"（Final Solution）的逐步展开，美国评论家和活动家就联合国应如何解决战后欧洲犹太人问题展开了争论。对纳粹行为的研究可能引出截然相反的观点。一些专家仍然致力于保护少数民族权利的旧观念，仍然相信国际法律保障；现在他们提议将这些保障扩展甚至普及到东欧以外的地区。但也有人认为，联合国为之奋斗的世界秩序与其前身的不同之处，恰恰在于它对国际法实际能够实现的目标作出了更为冷静的评估。事实上，越来越多的人走向了相反的极端：对他们来说，纳粹新秩序的教训是，消灭少数民族不过是现代民族主义和现代国际主义的必要组成部分；因此，理想的做法是使强制人口迁移和交换合理化，确保人口迁移和交换是经过国际谈判的，而非战争或单方面命令的结果，是有组织实施的，而非自发无组织的。那么，战后秩序是会如国际法的信奉者所期，还是会如种族同化的拥护者所愿？

* * *

19世纪末以来，在国际社会对民族和少数民族权利的思考中，欧洲犹太人问题一直占据着中心。自犹太游说者在凡尔赛宫成功让国际社会依据他们对国联监督所保障的少数民族权利的观察结果来决定是否承认东欧新国家之后，在1919年的和平框架下，这是将国联与战后解决方案联系在一起的关键问题之一。在巴黎和会上，东欧代表表示了公开抗议，他们认为，被迫向一个国际机构汇报他们如何对待本国公民是一种耻辱，但他们的声音被关于波兰东部、罗马尼亚和乌克兰的大屠杀的报道削弱了。于是，一开始是针对犹太人"民族权利"的讨论，后来演变成了关于构建更为广泛的少数民族保护制度的讨论，其覆盖范围从波罗的海国家到爱琴海，以及中东部分地区。日内瓦的国联总部设有一个小型秘书处，负责受理有关少数民族遭受虐待的投诉，可以展开调查并报告他们的发现。同国联对委任统治的监督一样，少数民族的权利虽然在法律上得到保障，但基本上要靠国际舆论力量的保护。尽管如此，它们仍然代表着国际法对主权国家内政最具侵入性的干预——这种侵入性如此之强，以至于各大国将自己排除在适用对象之外。[1]

到1930年代中期，国联保护少数民族权利的制度陷入混乱。它对东欧国家内政的干预程度引起了强烈不满；然而，国联的设计者没有提供任何执行机制，因此也疏远了少数民族群体和有时支持他们的大国。此外，由于德国作为一个大国并没有受到这样的监督，当纳粹开始把目标针对德国境内的犹太人之后，日内瓦实际上找不到任何法律依据进行干预。一旦国联的声望下降，从波兰开始，东欧国家就不再履行对本国少数民族的正式义务。事实上，它们开始效仿德国，实施联合抵制、限制入读大学的名额和其他类似的歧视性政策，明显是想把犹太人降为二等公民并鼓励他们离开。到 1937 年，欧洲正面临着一场自"一战"结束以来前所未有的难民危机。

对此，国联似乎无能为力。对于难民，他们缺乏一个普遍的定义。事实上，数十万无国籍者已经在法律的边缘生活了二十年。1920 年代担任国联难民事务高级专员的弗里乔夫·南森公开了这个问题，但他负责的部门缺乏权威，到 1930 年他去世后，还被降级了。1933 年，一项公约对许多俄罗斯人、亚美尼亚人、叙利亚人及其他难民面临的困境进行了调解，但这一公约刚达成不久，纳粹就上台了。国联设立了一个专门的部门来处理来自第三帝国的难民，但其他国家由于本国公民失业人数众多，极不愿意接纳他们。1935 年，国联负责德国难民事务的高级专员詹姆斯·麦克唐纳在失望中辞职：他要求更替纳粹政权的呼声被忽视了。[2]

全球难民危机证明了国联的失败，并有可能使欧洲陷入另一场战争。希特勒认为德国过于拥挤，劣等种族的多余人口必须被抛弃，而且德国人自己在1918年失去了战前的海外殖民地和战前帝国的大片领土，因此需要更多的土地。然而，持这种看法的不仅仅是纳粹德国。事实上，人们普遍认为，欧洲正遭受着人口过剩这一长期问题，需要能够将过剩人口输出到海外，而1918年后移民流动的障碍加剧了国际紧张局势。农业经济学家指出，东欧和南欧的农业国长期存在就业不足；法西斯人口统计学家认为，对北非和东非进行殖民化将有助于解决这个问题，至少对意大利来说是如此。

这一问题当然也在华盛顿引起了注意，罗斯福总统既关注犹太难民的具体困境，也关注欧洲更广泛的人口危机。他很早就抓住了机会，试图在这个领域维护美国的国际领导地位。他敏锐地意识到1920年代初美国移民限制政策给移民造成的困难，并从全球角度看待这个问题。他委托地理学家寻找科学的解决方案，希望能通过有组织的殖民和定居，既安抚到欧洲，又促进世界其他地区的经济发展和文明进步。在他看来，解决人口过剩问题所需要的不仅仅是为那些需要家园的人找到家园，而且要在"难民输出国"和潜在的难民接受国之间达成国际协议。1938 年 7 月在法国依云举行的国际难民会议，不仅是为了迅速向德国和奥地利难民提供援助渠道，而且从长远看，旨在建立一个为欧洲剩余人口寻找家园的国际机制。但是，为监督"有序移民"和发展"永久定居"机会而建立的政府间委员会，不仅由于其自身的局限性失败了，而且它存在于国联正式机构之外这件事本身就表明，国联无能解决这个问题。[3]

尽管如此，罗斯福还是坚持了下来。作为新一代的威尔逊主义者，他坚信他的前任之所以未能建立持久的和平，是因为忽视了现代政治对人口的影响所产生的强大社会力量。如果失败的凡尔赛秩序是一代牛津剑桥古典学者的成果，或许美国社会科学作为开明政治家的侍女，可以接手并帮助找到方法，解决欧洲的马尔萨斯噩梦。1938 年末，罗斯福就已经对这个问题"非常感兴趣"，他对"水晶之夜"的反应是请他最喜欢的地理学家、约翰·霍普金斯大学校长以赛亚·鲍曼为全世界的犹太人推荐重新定居的选项。"坦白地说，"他告诉鲍曼，"我想看有没有可能将犹太人送到无人居住或人烟稀少的适合发展农业的地方去。"比如委内瑞拉，或者哥伦比亚？

鲍曼以告诫的口吻回应道，可能性是有限的。但他在中美洲和南美洲确定了一些地方，尽管定居者"必须把他们的文化带过去"。[4]

这就是战时在华盛顿出现的绝密的 M 计划（M 代表移民）背后的想法。通过鲍曼，罗斯福召集了一个地理学家和人类学家团队，以 M 计划负责人亨利·菲尔德为首。菲尔德委托进行了一系列关于移民和定居的研究，"因为在历史上，人口压力经常引发战争"。在罗斯福敏锐的头脑中，犹太人的命运、欧洲的和平和中东的发展是相互关联的。甚至在启动 M 计划之前，他就曾秘密地与顾问讨论过要不要与英法一道资助"阿拉伯人转移到伊拉克"。等到战争爆发，比起让英国挺住和打败德国，这类计划就居于次要位置。尽管如此，他向菲尔德提出的第一个问题是评估伊拉克可容纳的最大人口，"如果重新控制底格里斯河和幼发拉底河的水资源，实施灌溉项目和修建拦河坝，发展农业，改善公共卫生措施"。但是这项行动的范围远远超出了中东地区。到 1942年，M 计划已经对全球人力资源和定居可能性进行了详尽的研究，到 1945 年，已经完成了六百多项研究，包括土地开垦（比如蓬蒂内沼泽），法国的人口过剩，在下加州、内盖夫和安哥拉定居的可能性，苏联的中亚民族政策，以及德国人和日本人在东欧和爪哇的殖民计划。[5]

由于罗斯福的去世、鲍曼的谨慎和杜鲁门的缺乏兴趣，M 计划从未达成其预期目标，也没有如领导人所希望的那样建立起国际移民安置管理局。结果是，这个新的联合国组织从未成为核心管理者，以推进 M 计划支持者所梦想的对世界的理性殖民化。事实上，今天几乎没有人知道它的存在，它让人感兴趣的地方在于思想领域而不是实际成就。最近，一位学者开始关注它所体现的且成为冷战时期美国战略核心的全球地缘政治观。但我在这里关注的是更为具体的内容。我们可以把 M 计划作为背景，来评估战时在思考如何稳定欧洲民族主义和防止未来战争方面发生的转变——这一转变使政策制定者关注的重心从国际法律保护机制转向战后规划的领土化。其结果之一是，作为"中东新政"的一部分，一个独立的犹太民族国家出现了。这本身是一个重要的发展；但它也是联合国大会在未来几十年内承认的众多其他国家的先驱，随着这些国家的诞生一起出现的还有难民营和流离失所的少数民族。[6]

* * *

在研究 M 计划的大量文献中，有一位鲜为人知的俄裔犹太人口统计学家尤金·库利舍尔的著作。[7]库利舍尔对欧洲人口迁移和犹太移民进行了研究，事实上，他倾向于将世界历史视为人口流动的产物。1948 年，他的英文代表作《流动的欧洲：1917——1947》出版。该书可以被解读为对 M 计划基本观点的提炼，实际上也是基于他为国际劳工组织、战略情报局和美国犹太人委员会撰写的大量战时报告而形成的。库利舍尔认为，人口流动是"历史机器得以驱动的基础"，而且几个世纪以来，战争和移民之间有着密切联系，由人口过剩引起的移民应被视为国际冲突的主要来源。他还认为，从最根本上来说，历史就是各种族从东向西迁移的故事（这是从人口统计学上对黑格尔学说的扭曲）。到了近代，人口的西进给东欧和德国带来了压力，并威胁到欧洲的稳定。美国和其他国家在两次世界大战期间通过的移民配额决定使情况变得更糟，并导致了国际秩序的崩溃。为移民设置障碍是徒劳的：这样做只会而且总会挑起冲突。在未来，"数百万绝望地寻找出路的人"可能会成为"一股侵略性力量，尤其是在极权政府领导下"。

库利舍尔认为，欧洲的基本问题是人口过多，而唯一的解决办法就是通过有规划的"移民和殖民运动"，将过剩人口安置在欠发达地区。一个国家（或地区）取得了可持续的人口增长时，也就意味着实现了他所谓的进步，而在欧洲过剩人口对外输出时，进步效果才会达到最佳。因为这样可以"减少可能导致战争的冲突的数量，或者把战争转移到殖民地，使其在远离欧洲都市的安全区域进行"。如果20世纪初欧洲的战争意味着世界大战，那么输出欧洲大陆的过剩人口则是世界和平的唯一科学保证。对于建立有组织的全球殖民定居点是否真的可以解决问题，库利舍尔与M计划负责人以赛亚·鲍曼一样，持根本的怀疑态度：不再有足够的土地用于他所谓的"殖民化征服"，而且可以举出许多失败的计划，来证明各国试图组织移民是徒劳的。用库利舍尔的话来说，"殖民时代一去不复返了"。现在需要的是由国际规划机构监管的"劳动人口的合理再分配"。[8]

库利舍尔的研究范围非常广泛，他并没有特别关注犹太人，但他确实在战时研究过犹太难民政策，当时，他强调有必要在更一般的战后重建框架内考虑这个问题。事实上，他关于人口流动的总体理论——来自帝俄时代历史学家瓦西里·克柳切夫斯基——倾向于不区分总体的人口流动和具体的强制人口迁移。后者是战时纳粹政策的一个显著特征，而追踪后者细节的工作，库利舍尔留给了研究 M 计划的同事、乌克兰犹太人约瑟夫·谢克特曼。

谢克特曼也是刚到美国不久。他 1941 年才从法国逃到纽约。他并不见得一定反对库利舍尔的世界历史观或者欧洲中心主义，但他的观点更加明显地聚焦于犹太人的困境，他的政策建议也是朝着一个截然不同的方向推进。到达美国几个月后，谢克特曼出版了一本小册子，谈到德军控制的苏联领土上的犹太人状况。不久之后，他和库利舍尔开始在战略情报局、国际劳工组织和犹太事务研究所的资助下进行移民研究；犹太事务研究所是一家为了对战后最终解决方案中与犹太人诉求有关的问题进行研究而成立的智库。在 1944 年和 1945 年的大部分时间里，谢克特曼作为研究移民和强制人口流动问题的专家为战略情报局工作。[9]

与库利舍尔不同，谢克特曼将 1940 年代的人口挑战与具体的民族主义政治问题联系起来。正如他所言，19 世纪是"民族的世纪"，欧洲仍然需要就如何建立与这种新哲学相兼容的国际秩序达成协议。在两次世界大战之间，它曾试图为少数民族争取权利。但是谢克特曼的主要战时作品——一项关于强制人口迁移的详尽研究，至今仍是这一领域的权威著作——对少数民族保护的整个概念进行了猛烈抨击。与库利舍尔和其他战时人口专家不同，谢克特曼认为国联体系已被证明是完全不够的，并且公开怀疑少数民族问题是否可以"通过法律手段解决"。相反，和平需要"少数民族的全民族转移……这些人应该被重新安置到那些地方，在那里，他们可以成为更大的族群的一部分，他们讲的是这个族群的语言，他们对这个族群的习俗最不反感，他们在精神上忠于这个族群"。就欧洲而言，这意味着"人口迁移"。也许并非所有情况下都需要这样做。有时，一项《国际权利法案》的保护就足够了，或者双边条约——比如匈牙利和罗马尼亚之间的条约——也可以保证互相善待。然而，正如他所言，"人口迁移的猛药"是一个理想的选择。在他看来，战争的结束为采取坚决、彻底的措施提供了绝佳机会。[10]

事实上，谢克特曼从来就不太相信国际法的保护。如果考察他的职业生涯，可以发现社会科学研究和政治行动主义之间的密切联系，而这是那个时代的特征。从学生时代起，谢克特曼就一直是一名积极分子，还不是随随便便的那种。自 1915 年以来，他一直是右翼犹太复国主义者弗拉基米尔·扎博京斯基（Vladimir Jabotinsky）的坚定支持者。即使扎博京斯基离开基辅，在柏林、巴黎和华沙过着政治流亡者的生活，他也一直伴其左右。他撰写社论，为扎博京斯基领导的修正主义运动扩大影响力，甚至向党组织发表演讲（包括 1929 年与阿瑟·库斯勒*在同一个场合进行的演讲）。简言之，他是修正派犹太复国主义的核心人物。[11]

谢克特曼甚至与罗斯福带有幻想性质的 M 计划有着联系。1937 年至 1939 年间，他与波兰政府就一百五十万犹太人从波兰"疏散"进行了极具争议的谈判，从而成为扎博京斯基的"麻烦解决者"；他还与波兰政府协商召开一次国际会议，以解决欧洲以外的犹太人定居问题。扎博京斯基的新犹太复国

---

* 阿瑟·库斯勒（1905—1983），英籍匈牙利作家，著有《正午的黑暗》。

主义组织希望通过这样的会议向英国施压，使其允许犹太人在巴勒斯坦大规模定居。但是，波兰人自然并不关心犹太人去哪里（重要的是他们应该离开欧洲），而且就像英国人和美国人一样，他们热衷于探索其他的选择，备选地点包括从马达加斯加到英属圭亚那。"一个属于犹太人的伟大的巴勒斯坦并不符合英国的政策传统。"一位支持移民的波兰记者警告说，"然而，在非洲建立犹太人领土可能符合英帝国的政治和经济利益。"[12]

谢克特曼曾试图打消其他犹太复国主义者的顾虑，称其结果不会导致世界范围的移民和犹太力量的分散。他还回击了关于新犹太复国主义组织想要结束犹太人在欧洲生活的指控；1938年他坚称，大部分犹太人将永远生活在流散中。但是修正派犹太复国主义者作出了两个关键性的错误估计：首先，他们认为波兰人在移民巴勒斯坦问题上对英国人有影响；其次，他们相信波兰人并不介意与英国发生对抗的可能性。因此，整个修正主义计划的前提是，拒绝认真对待由德国发起的战争的威胁，而这种威胁会将波兰和英国团结在一起。事实上，扎博京斯基本人也不认为战争迫在眉睫。[13]

1940 年，扎博京斯基抵达纽约，比谢克特曼早一年多。几个月后他出版了一本书，也是他突然去世前的最后一本。这本书预示了谢克特曼分析中隐含的许多主题，并将它们介绍给了美国的犹太读者。根据扎博京斯基的说法，国联的少数民族权利制度在整个东欧已经消亡，无法恢复，因此犹太人唯一的希望是被盟国承认为一个独立国家。要消除他所称的以中东欧"犹太人悲剧"为代表的"恶性溃疡"，就意味着要用主张犹太人有权拥有自己的民族家园来取代对少数民族权利保护的天真信心。因此，"只有当犹太人被大规模加速遣返到他们视之为民族家园的地方，波兰——不仅仅是波兰——的种族和平才有可能实现"。人口压力使得犹太人不可能与波兰人及其他国家的人共存，同时又因为犹太人太多了，对其进行同化不可能成功。所以，只有将其大规模"疏散"，那些选择留下来的人才能享有平等的权利。在依云会议期间及其后，不少人受到罗斯福启发，在全球范围内寻找犹太人的定居地。对于这些极具价值的努力，扎博京斯基不屑一顾，他认为巴勒斯坦为领土解决方案提供了唯一可行的基础。他引用鲍曼的研究来说明不存在替代选择："约旦河两岸的巴勒斯坦是这个犹太国家唯一'合适'的地点，而这个犹太国家是治疗欧洲癌症的唯一良药，也是全世界的迫切需要。"自赫茨尔以来，欧洲中心主义一直是犹太复国主义思想的核心，而在纳粹新秩序崛起的背景下，它以一种前所未有的迫切表达了出来。扎博京斯基最后重申了安置方案的早期版本：在政府间难民委员会的保护下，应该有组织地将一百多万东欧犹太人大规模转移到巴勒斯坦，使犹太人在那里占多数，并确保新的犹太国家的政治前途。至于阿拉伯人，除非他们"自愿选择离开，否则没有必要移民"。显然，在巴勒斯坦，少数民族的权利将得到尊重。[14]

主流犹太复国主义者仍然对扎博京斯基表现出深深的不信任，他们指责他同情法西斯主义，不喜欢他对东欧各国政府日益极端的民族主义政策的容忍。但他的犹太人疏散计划在某种程度上与罗斯福政府的想法相吻合。1939年，他和谢克特曼曾与美国驻华沙和驻伦敦的大使讨论过这个问题。[15] 类似对话也在其他地方展开。例如，波兰驻美大使曾与罗斯福举行会谈，不仅谈及巴勒斯坦问题，还谈到有没有可能让犹太人在安哥拉大规模定居，以之作为

"犹太人的副家园"。1940年纳粹短暂实施过的"马达加斯加计划",也曾引起过盟国的兴趣。因此,在这些人口规划蓝图中,我们可以看到国际主义话语的元素,这些话语元素甚至在不断扩大的世界大战的前线传播。事实上,1941年,当犹太人事务局执委会主席本-古里安在伦敦会见莫因勋爵时,后者提到,对于那些愿意并能够离开欧洲的犹太人来说,南美和马达加斯加是可能的目的地。虽然波兰人为了维持与英国的关系放弃了这些计划,但美国地理学家仍在认真研究可以作为领土的选项。他们不仅要为犹太人,还要为欧洲各地过剩的人口制定一项全球新政。1943年,史末资将军加入进来,呼吁对犹太难民在战后的重新安置进行国际管理,无论是在巴勒斯坦,还是在意大利前殖民地,如利比亚和厄立特里亚。史末资希望增加在非洲定居的欧洲人的数量,这是他的一贯愿望,但他的提议在政治和经济上都遭到了英国的反对——此时的白厅已经明白,对于现代国家来说,移民殖民主义总体上是一个代价不菲的提议。[16]

但英国的反对不再像从前那么重要了。因为包括谢克特曼在内的扎博京斯基的追随者正在策划促使美国犹太人的观点发生非同寻常的转变,这种转变发生在战争期间,使得领土主义(territorialist)解决方案支持者的政治地位比以往任何时候都要高得多。[17]这方面的一个迹象是,即使是那些在战前支持少数民族权利复兴的人,其信念也受到了侵蚀。例如,波兰犹太律师和人口统计学家雅各布·罗宾逊曾在1920年代领导立陶宛议会的少数族裔集团;二十年后,正是流亡到曼哈顿的罗宾逊创立了犹太事务研究所,并聘请库利舍尔和谢克特曼从事研究。谢克特曼的修正派犹太复国主义背景使他在研究所里脱颖而出;罗宾逊最亲密的同事大多是前崩得主义者*或俄国自由主义者、社会学家和宪法律师,他们积极推动了两次世界大战之间少数民族法律保障制度的建立,并认为任何在战后继承国联遗产的组织都应该重申国际法的重要性。但现在他们处于守势。1943年,他们发表了一份研究报告,伤感地将标题定为《少数民族条约失败了吗?》,请求人们更为深入地理解国联体系缔造者一直以来的努力方向;但它

---

* 崩得是立陶宛、波兰和俄罗斯犹太工人总联盟的简称,1897年10月7日在维尔纽斯成立,主张犹太人群体作为一个民族存在,但反对在巴勒斯坦建立独立的犹太人国家。

显然回避了对根本性问题的表态，即"就其本质而言，少数民族问题能否通过法律手段来解决"。这一事实并没有逃过一位评论家的眼睛，这位以强硬著称的年轻政治学家来自芝加哥大学，名叫汉斯·摩根索。在总结了《少数民族条约失败了吗？》带有敷衍意味的论证后，摩根索历数了该体系遭遇的诸多障碍，并得出完全符合其卡尔·施米特式国际政治观的结论，即他轻蔑地称之为"法律工具主义"的东西将"不可避免地被敌对国家用作权力竞争的工具"。不出十年，摩根索反法律主义的"现实主义"学说将帮助塑造美国新生的国际关系学科。[18]

* * *

此时，阐明这种对法律的蔑视对于国际组织未来的特征意味着什么，可能是有帮助的。1930年代后期，仍然体现维多利亚时代特征的——也就是基于欧洲经验的——国际概念，遭遇了深重的危机，专业法学家尤其感受明显，在过去半个世纪里，他们把国际法视为促进欧洲价值传播、推动世界超越琐碎的政治分歧的关键工具。国际法律规范未能赢得足够的追随者来制止战争爆发，甚至未能规范战争的进行方式，由此带来的影响是可怕的。伦敦年轻的移民律师沃尔夫冈·弗里德曼的感受完全代表了这种情绪。在第三帝国的崛起中，他看到了"欧洲文明本身的解体"，并想知道这对于法律在未来新的国际体系中的角色预示着什么："欧洲文明还像以前那样吗？""如果不是，这些变化将如何影响国际法？"[19]另一个人评论说："国际法已经严重丧失信誉，处于守势。"美国国务卿科德尔·赫尔在1938年6月的一次讲话中警告说，世界正变得越来越"无序和混乱"。几天后，他的助手弗朗西斯·塞尔接着说："我们以及整个世界现在面临的最重要的问题是，今后我们是生活在一个法治的世界，还是一个国际无政府状态的世界。"

对于谢克特曼和扎博京斯基这种从未对国际法抱有太多信心的人来说，欧洲文明仍然定义着游戏规则，但这场游戏是由民族主义驱动的，只有当人民被准许拥有自己的领土和国家时，才可以有效地保护他们：没有国家就没有保护。这在当时是一种相对极端的观点，无论是在外在含义还是内在含义上，律师们都不可能表示赞同。他们中的大多数人坚信，在纳粹战败后，世界仍然需要他们的准则，以防止唯一的替代选择——"国际无政府状态"——出现。他们看到左右两派的极权主义和反个人主义意识形态的兴起所推动的国家权力无限制的增长，倾向于将之作为强有力的论据，支持比以往任何时候都更有力地利用法律来遏制主权国家在其领土上实施利维坦式的暴行。[20]

正是在这种背景下，他们中的一些人转而主张为个体人权而不是集体和少数民族权利提供法律保障。但是，在战时捍卫个人权利的思潮并没有全面推广，需要保护群体的旧观念仍然具有吸引力。事实上，战时与谢克特曼一起撰写了一篇可能是最经得起时间检验的有关纳粹新秩序的研究报告的人是一位国际律师，他主张建立一种新的甚至更严厉的法律保障制度，将迫害少数民族的实际行为按照刑事案件定罪。他就是拉斐尔·莱姆金，也是一位移民，和谢克特曼同年（即1941年）抵达美国。

德国入侵波兰时，莱姆金在华沙经历了他后来所描述的"从文明到野蛮的堕落"。他家的房子被烧毁，母亲被杀害。9月7日，他乘坐火车离开华沙，结果遇到德国飞机的轰炸，许多乘客被炸死。莱姆金自己尽管腿部受了伤，还能继续徒步行进。他听说过在西布格河后面进行有组织抵抗的计划。他在森林里待了好多天，满脸胡须、憔悴不堪、无法入睡、失血过多。但最终，他到达了相对安全的瑞典，在斯德哥尔摩大学教书，并开始整理汇编纳粹占领当局在欧洲各地发布的大量法令，这些法令为他后来的研究奠定了基础。瑞典在战争期间保持中立，不过莱姆金以他一贯的坚韧，说服瑞典驻占领下的欧洲各地的领事将德国发布的条例和命令的副本寄给他。[21]

几年前，他曾结识在华沙教书的杜克大学法学教授迈克尔·麦克德莫特，并成为朋友。现在麦克德莫特在安排莱姆金去美国这件事上起了重要作用。1941 年 4 月，莱姆金从莫斯科乘火车东行，途经日本抵达北卡罗来纳州。美国参战后，他在德国行政法方面的渊博知识让华盛顿如获至宝。于是他搬到华盛顿，给美军讲授有关军事管制政府方面的课程，并担任亨利·华莱士领导的战争经济局的顾问。1944 年，卡内基基金会资助他的著作《轴心国占领欧洲后的统治》出版。与谢克特曼关于强制人口迁移的研究一样，这本书仍然是当时出版的关于纳粹新秩序的不可或缺的著作之一。

然而，《轴心国占领欧洲后的统治》一书的精神与谢克特曼的截然不同。莱姆金谴责纳粹暴力行为是现代民族化国家（nationalizing state）实施的一系列治理技术的产物。通过德国战时的法律和法令来分析德国人，莱姆金揭示了德国发动战争方式的目的性和官僚主义特征。"种族灭绝"（Genocide）是莱姆金在这本书中创造的一个术语，指的是对国家或种族群体的毁灭。它后来成为大众用语并写入国际法，因为它提供了一种方法来理解国家如何将大规模暴力作为深思熟虑的政策的一部分。莱姆金坚持认为，"种族灭绝"需要被视为一个整体，它是不同的迫害和毁灭行为的"组合"。其中的一些，在1907年的《海牙公约》中被列为违反战争法。但德国人在战争中也实施了一些其他行为，它们共同使得19世纪的假设——战争针对的是主权者和军队，而不是平民——过时了。例如，他指出，在波兰，作为以减少斯拉夫人口为目标而实施的政策的一部分，德国人压低酒精价格，并鼓励堕胎。他总结道："整个种族灭绝问题太重要了，不能留到将来零敲碎打地讨论和解决。"毕竟，正如他所指出的，这不仅是一个战争问题，也是一个和平问题——尤其在欧洲，不同的族群混居，并长期存在边界争端。

莱姆金认为，只有重申和重振国际法，才能防止此类罪行再次发生，而联合国的任务是在战后创造政治和精神条件，"迫使德国人用主导道德（master morality）、国际法和真正和平的理论来取代他们的优等民族理论"。这是服务于托尔斯泰式道德革新理想的国际法，这种理想从少年时代就激励着他。

不幸的是，这种方法现在与官方圈子的主流情绪背道而驰。在战后的几年里，逆潮流而动的莱姆金亲身体验了这些保守思想。他曾担任纽伦堡国际军事法庭美国首席检察官的顾问，后来又担任美国战争部外交事务顾问（1945—1947）。联合国战争罪行委员会有过一段混乱的历史；事实上，它的兴衰变迁表明了一个早期迹象，即对于将国际刑法作为新世界秩序的重要组成部分，支持新的和平时期联合国组织的各大国持强烈的怀疑态度。直到1944年10月，对德国罪责的狭义界定似乎还可能会排除纳粹被告因对德国公民犯罪而受审。美国战争部长亨利·史汀生是用法律方法对德国战争罪行进行惩罚的主要倡导者，他更感兴趣的是将侵略战争定为刑事犯罪——这是他自两次世界大战之间以来一直在追求的目标。

事实上，1945年夏天，大国之间经过激烈讨论，最终确定"反人类罪"构成国际军事法庭宪章的一部分。但令莱姆金感到失望的是，尽管这些罪行被列入了起诉书，但最终判决没有在"侵略战争"的背景之外提及它们，似乎也没有将战前德国对犹太人的迫害纳入裁决范围。[22]

甚至在法庭宣布判决之前，莱姆金就主张将新联合国的法律制度转变为国联少数民族保护制度的更严格版本。1946年5月，他联系了联合国首任秘书长特吕格韦·赖伊，强调联合国"代表受迫害的少数民族干涉其他国家内政"的必要性。几个月后，他对与前轴心国卫星国议和的巴黎会议代表进行游说，并提交提案，其中包括允许少数民族向联合国申诉，以及允许联合国在认为必要的情况下实施制裁的条款。在巴黎，他的游说被置若罔闻：即使没有提出一项非常不受欢迎的提议（唤起对过去失败的回忆的那种），英国、法国、美国和苏联也很难达成一致。但到了1946年底，在第一次联合国大会的筹备阶段，他取得了更大的成功。在印度和南美代表的支持下，他将一项关于种族灭绝的决议提上了大会的议程。1946年12月11日，联合国大会呼吁制定一项关于灭绝种族罪的公约。从那时起直到去世，莱姆金实际上一直在单枪匹马地游说联合国通过《防止及惩治灭绝种族罪公约》。当然，尽管他的改革运动遭到了反对，但莱姆金本人却是一个令人敬畏的倡导者。他不仅设法让联合国经济及社会理事会通过了一份公约草案，而且1948年在巴黎召开第三次联合国大会审议《防止及惩治灭绝种族罪公约》时，他还组织了一场由非政府组织发起的大型游说运动。当年12月，也就是《人权宣言》投票通过的前一天，《防止及惩治灭绝种族罪公约》获得了一致通过。但是莱姆金不得不继续游说，以使该公约获得各国批准。他在两年内成功地做到了这一点。[23]

近年来，许多有关人权史的文献都对莱姆金在推动该公约的通过方面所取得的成就表示赞赏，并将其视为联合国更广泛的人权承诺的一部分。然而，这种看法可能忽略了这个故事的独特之处，甚至是堂吉诃德式的地方。正如莱姆金本人当时所指出的，他的改革运动（crusade，他常用这个词）不仅遭到官方代表团中通常持怀疑态度的人，以及那些被他易怒、自负和多疑性格所疏远的人的反对，而且更要害的是，关于如何在联合国框架下最好地保护少数民族权利，其他的律师也与他意见相左。莱姆金仍以战前的方式思考问题，也就是说，为少数民族提供国际法律保护，而这次国际法中加入了刑事制裁的内容。另一些人却认为，这样做可能会引发与少数民族权利条约有关的所有政治保留意见（特别是对侵犯国家主权原则的保留意见），从而损害国际社会对联合国更普遍的支持。联合国大会同时通过的《防止及惩治灭绝种族罪公约》与《世界人权宣言》之间的关系反映了这种分歧。这两个措施远非某些历史学家所说的代表了某个单一计划的一部分，而是代表了使法律在国际生活中起作用的截然不同的方法：一种是对两次世界大战之间制度的阐述；另一种则指向了一个虚弱得多的制度，其充满着热切的道德愿望的修辞，在某种程度上被认为可以替代法律的力量。事实上，《防止及惩治灭绝种族罪公约》中将"文化灭绝"定为犯罪的条款只通过了一次，这个被莱姆金称为"公约灵魂"的条款后来被删除了。殖民国家，尤其是南美国家的坚决反对，使得这项少数民族权利在联合国无法通过正常程序通过。[24]

事实上，联合国直接参与国际法的制定是不寻常的，因为这个新机构比其前身更加谨慎地就这个问题发表意见。1930年代，许多律师曾试图向国联施压，要求其建立国际刑事法庭，他们也对联合国采取了同样的做法，但安理会对这个想法没有表现出多大兴趣。[25] 尽管比起联合国秘书处法律部门起草的原始草案来，《防止及惩治灭绝种族罪公约》的管辖范围已经缩小，但它仍然代表着联合国有可能对成员国的国内管辖权进行广泛的干涉，而这是许多联合国缔造者所担心的。

联合国大会决定推动一项关于灭绝种族罪的公约，这表明了干涉主义在这个新的世界组织中肯定没有消失。然而，这是朝着这个方向的一次罕见的且不完全的尝试，莱姆金的许多律师同事对其价值仍不确定。甚至1947年与他一同起草公约初稿的人当中，也有一些认为通过法律保护少数民族的时代已经过去；或许更好的做法是利用世界对个体人权的新兴趣，并依靠塑造公众舆论。这就是《世界人权宣言》的基本原理。正如最近一份引人入胜的研究显示的，1948年莱姆金与《世界人权宣言》起草者之间爆发了一场彻底的冲突。这在一定程度上是因为他们担心如果未来的人权公约拥有像《防止及惩治灭绝种族罪公约》那样的约束力，美国方面肯定不会批准，美国参议院已经对外国干涉国内事务（尤其是南方问题）感到不安。

在反对者眼中，莱姆金没有意识到世界已经发生变化，国际法不再凌驾于政治之上，其力量已经大不如从前。简言之，就国际法而言，联合国时代的世界与国联时代的世界大不相同。一位学者颇有道理地指出，在联合国，有这么多人对莱姆金感到恼火，原因不仅仅在于他的坚持不懈（最终近乎偏执）和专注程度，更在于他代表了他们极力避免提及的过去。的确，我们不能忽视的是，1940 年代末，当《防止及惩治灭绝种族罪公约》在联合国各机构逐步获得通过的时候，战前有关保护少数民族权利的条约却悄无声息地被搁置了。[26]

联合国大会通过了《防止及惩治灭绝种族罪公约》，这似乎是莱姆金的胜利时刻。但对文化灭绝条款的否决表明，许多国家对自己的行为会被提交国际法庭裁决深感忧虑。一旦获得通过，该公约就陷入停滞，沦为冷战对峙的玩物。国际刑事法庭没有按照它的设想设立，它在纸上的存在也无助于阻止20 世纪五六十年代在世界各地爆发的无数由国家组织的暴力事件。美国拒绝批准这一条约，而当莱姆金越来越极力地试图让美国批准它时，他也就越来越不顾颜面地迎合反共者。（事实上，美国直到 1986 年才批准该条约，而且当时有相当多的保留意见。）因此，尽管《防止及惩治灭绝种族罪公约》于 1951 年生效，但很难说它在遏制大规模侵犯集体权利方面起了很大作用。1948 年《世界人权宣言》的命运，也明显体现出各国根本不愿意赋予联合国人权制度真正的执行力。在这种情况下，达成一项公约或国际法案的步伐根本就没有迈出，而且正如比莱姆金更为冷静的人所预测的，上述任务留给区域性组织来完成，尤其是欧洲理事会，会使人权制度在法律上具有可执行性。

* * *

如果在联合国所处的新世界秩序中，像国联那样用法律主义路径来保护集体权利只会落得这般惨淡的命运，那么以修正派犹太复国主义为代表的坚定的领土主义构想又如何呢？这里我们有必要回到谢克特曼。和莱姆金一样，这位战时分析人士也发现自己扮演着战后倡导者的角色，但他所倡导的主张却截然不同。1946年，他出版了关于纳粹人口政策的经典著作《欧洲人口迁移：1939—1945》。如前所述，该书为人口迁移提供了论据，并进行了分析。事实证明了谢克特曼的观点，因为在盟国的统治下，东欧的人口结构发生了比纳粹时期更为广泛的变化。在一系列人口驱逐和交换中，一千二百多万德意志人被迫离开家园，同样被迫离开家园的还有数百万乌克兰人，更不用说波兰人、匈牙利人、斯洛伐克人、阿尔巴尼亚人了。上述人口驱逐和交换即使不是被三巨头怂恿，也是被他们默许的。

在犹太复国主义者的圈子里，人口迁移是一项仍不敢公开提及的政策。人口迁移明显是解决一个棘手问题的方案，但这个问题又不能公开承认，否则会损害复国大业。这一构想隐秘且断断续续的历史，可以追溯到"二战"爆发之前。[27]未来的以色列总统哈伊姆·魏茨曼曾考虑过"准人口交换"方案，而犹太人事务局于1937年成立了一个秘密的人口迁移委员会，当时，英国的分治建议鼓励人们朝着这个方向思考。同年，英国官方的皮尔委员会在回顾了1923年希腊和土耳其之间涉及约二百万人的强制人口迁移之后，建议进行阿拉伯人口和犹太人口的交换，并敦促进一步调查是否有足够的土地来重新安置那些生活在将成为"犹太国家"的地方的阿拉伯人，不管他们是否自愿。本-古里安本人告诉犹太人事务局的执行委员，他支持这个想法。然而，许多犹太复国主义者对此持怀疑态度。美国犹太人领袖斯蒂芬·怀斯谴责强制人口交换的想法，称其是"对犹太人在流散地（Galuth）的生活的威胁……是我们扔进我们人民心中的回旋镖"，因为它将导致"对世界各地少数民族保护的终结"。因此，在战争前夕，散居海外的犹太人仍然强烈支持建立少数民族保护制度，他们对欧洲和其他地方犹太人困境的担忧超过了对在巴勒斯坦进行民族固结（consolidation）的希望。英国政策的反转指向了同一个方向：1939 年 5 月的白皮书实际上颠覆了皮尔委员会的建议，它承诺十年内让阿拉伯人占多数的巴勒斯坦委任统治地独立，并暗示犹太人将被视为受保护的少数民族。即使是人口迁移的倡导者也不愿意公开表达这种想法，因为他们很清楚，随着阿拉伯土地上的前奥斯曼帝国行省纷纷独立为民族国家，巴勒斯坦的阿拉伯人开始获得自己的民族意识。[28]

　　然而纳粹的战时政策改变了一切，魏茨曼和

本-古里安都立即意识到了这一点。1941年1月，魏茨曼在跟苏联驻英大使会谈时，提出将巴勒斯坦的一百万阿拉伯人迁移到伊拉克，然后安排四百万至五百万波兰和俄国犹太人去巴勒斯坦。1941年4月，他指出："这场战争以后，整个人口交换问题将不再像以前那样成为一个禁忌话题。人口交换现在正在进行，而且可能会成为未来解决方案的一部分。我并不是说巴勒斯坦的阿拉伯人必须去伊拉克或外约旦，但事实是，每有一个阿拉伯人离开，就可以有四个犹太人进来……这不是一个战后人们可以回避的问题。旧的价值观将会改变，我相信我们不必太过谨慎。"可以肯定的是，在公共场合，他仍然很警惕。在《外交事务》的一篇文章中，他谈到了中东需要"指导"和"发展"，并稍微提及了这一想法，即任何不愿留在这个犹太国家的阿拉伯人都可以自愿迁移出去。但私下里，他就不那么克制了。至于本-古里安，他明确表示不能让人觉得人口迁移是"犹太人的提议"，但他并不反对人口迁移。[29]

在美国，长期领导美国犹太复国主义运动的斯蒂芬·怀斯对人口迁移的提议一直持怀疑态度。至于像费利克斯·沃伯格这样的非犹太复国主义大人物，则将资金用于实施大规模发展方案，以此来安抚阿拉伯人，这些方案将鼓励但不会强迫他们跨越约旦河。1942年的比尔特摩会议呼吁在战后建立一个犹太人国家。这次会议标志着美国犹太复国主义运动对所有以阿拉伯–犹太合作为前提的计划越来越怀疑，朝着更加实际的态度迈进。在比尔特摩，对于"新世界秩序"是否需要解决"犹太人无家可归"的问题，美国犹太人的态度摇摆不定，他们还在谈论着如何将巴勒斯坦变成一个"犹太联合体"。后来，怀斯的地位被阿巴·希勒尔·西尔弗所取代，后者受到修正派犹太复国主义活力的更多感染。于是，犹太媒体上开始出现呼吁在巴勒斯坦和伊拉克之间进行人口迁移的第一批文章。[30]

应当指出的是，修正主义者并没有带头要求人口迁移。相反，扎博京斯基和谢克特曼一直坚称，他们的波兰犹太人撤离计划是自愿的，允许大批犹太人生活在流散中。扎博京斯基坚持认为，他们所要求的对占有约旦河两岸的大以色列实行不受限制的移民政策的优点之一是，人口占多数的犹太人不用担心边界内的阿拉伯少数民族，强制撤离也就完全没必要。谢克特曼承认，他们赞同阿拉伯人口"自愿和有组织地移民"到邻国的想法。毕竟，哪个犹太复国主义者不赞同这种想法呢？然而，这场战争也改变了修正主义者的观点。在1939年10月得知纳粹对德意志人的首次迁移——从波罗的海国家"带回"第三帝国——一个月后，扎博京斯基写信给一位同事说，"别无选择：阿拉伯人必须在以色列的土地上为犹太人腾出空间。如果可以迁移波罗的海各国的人民，也就可以让巴勒斯坦上的阿拉伯人搬走"。纳粹不仅展示了出于民族主义目的的人口工程的可能性，这种可能性是连做梦也想不到的（谢克特曼在他的书中统计，在被占领的欧洲，有超过五十次不同的战时强制人口迁移），同时也以一种扎博京斯基想象不到的方式展示了东欧犹太人面临的生存威胁。[31] 战争结束时，魏茨曼的预言得到了证实。世界已经习惯了人口迁移的想法，对使用"希特勒式方法"迁移人口的反对意见也比以前少了许多。当美国主流舆论大谈特谈起世界和平"新政"，其中将必然包括这样的看法，即通过人口迁移来消除种族紧张的根源，同时平衡人口密度并刺激人口增长。罗斯福曾在私下里谈到要"在巴勒斯坦四周架起带刺铁丝围栏"，把阿拉伯人迁移到"中东的其他地区"——

那些有足够的水源供应以支撑他们生活的地方。美国前总统赫伯特·胡佛就没那么克制了：当专家们肯定了将巴勒斯坦的阿拉伯人迁移到"两河流域的大冲积平原"的可能性后，他公开呼吁有组织的人口迁移，这让美国犹太复国主义领导人感到高兴。至于亨利·华莱士，1946年担任《新共和》杂志编辑的他，只是众多呼吁"为整个近东地区制定全面经济计划"的人之一。因此，伊丽莎白·博格沃特在新书中概述的"世界新政"，实际上既包含了进步主义因素，也包含了强制因素。这是一种国家主导的合理化构想，与人权并存，有时甚至凌驾于人权之上。[32]

谢克特曼暂时恢复了在修正派犹太复国主义（1946年重新加入世界犹太复国主义运动）领导下的活动，并成为其最高决策委员会的负责人，这时正值他在战时欧洲人口迁移方面的开创性工作得到了积极的评价。在随后的几个月里，大批阿拉伯人逃离巴勒斯坦，而在1948年5月战争爆发后，阿拉伯人的逃亡速度加快，这使他的专业研究比以往任何时候都更加及时，因此以色列驻美大使鼓励他提供关于阿拉伯难民的宣传材料。[33]

这个问题特别紧迫，因为联合国调解人贝纳多特伯爵和杜鲁门总统都在向以色列新政府施压，要求允许巴勒斯坦难民返回。以色列外交部长摩西·夏里特知道谢克特曼（犹太人事务局最近资助了他的波兰研究之旅），试图加快出版他关于战后人口迁移的新研究。很快，谢克特曼访问了以色列，并会见了官方的人口迁移委员会的成员，他们也向他寻求帮助。其中一名成员是犹太国家基金会土地部门的负责人约瑟夫·魏茨，自1930年代以来他一直在推动人口迁移。出于战时安全的原因，阿拉伯村民被逐出家园，随后又被劝阻或禁止返回家园，魏茨已经在考虑制定一项有组织的"迁移政策"，并获得外交部长夏里特的批准。6月4日，他领导的委员会召开会议，讨论他所说的阿拉伯难民外流的"奇迹"以及"如何使其常态化"。尽管本-古里安对于是否支持全面迁移政策犹豫不决，但魏茨仍然热情高涨。到了8月，以色列外交部决心阻止阿拉伯难民返回。8月29日，内阁批准任命魏茨为人口迁移委员会成员；12月，也就是谢克特曼访问以色列的一个月后，该委员会建议将阿拉伯难民安置在"人口稀少"的伊拉克、叙利亚和外约旦。这一政策最大的好处是，它可能会加速犹太人从阿拉伯土地上涌入巴勒斯坦，这是犹太复国主义领导人越来越急于确保的，因为很明显，许多欧洲的犹太幸存者不愿意来巴勒斯坦。次年，谢克特曼撰写了两本小册子宣传委员会的重新安置计划。这两本小册子由犹太人事务局出版，并在一段时间内作为宣传材料留存了下来。[34]

1949 年，谢克特曼从以色列回国几个月后，他的《亚洲人口迁移》在犹太人事务局的悄悄资助下出版。如果说他三年前的巨著把人口迁移意义的判断局限在结尾处，那么这本书则不然。考虑到出版赞助者的身份，当谢克特曼将研究对象从欧洲转向亚洲时，他的分析变得更偏重规范性，也就不足为奇。除了描述印度的"印度教徒与穆斯林人口的交换"，以及亚美尼亚人和叙利亚基督教徒的命运，该书整整一半的篇幅都是关于"阿拉伯人与犹太人人口迁移的案例"。"巴勒斯坦的人口迁移情况，"谢克特曼写道，"似乎是快速而果断的人口迁移行动的经典案例，是解决基本问题和防止极端危险事态的唯一建设性方法。""巴勒斯坦分治本身只是一个折中的措施"，"只是限制但不能解决有关巴勒斯坦少数民族的那些充满火药味的关键问题"。"将阿拉伯人从一个地区迁移到另一个地区的想法"并没有什么不同寻常之处，欧洲的历史上也有很多先例，尤其是从巴尔干半岛"遣返"回土耳其的穆斯林。更重要的是，在谢克特曼看来，伊拉克人口增长缓慢，迫切需要注入以巴勒斯坦阿拉伯人为首的人口资源。该书最后断言，"交换少数民族人口"，"不仅是最有希望的，而且实际上是唯一可能解决阿拉伯-犹太人僵局的办法"。谢克特曼概述了大致前景："一般来说，犹太国家的每一个阿拉伯人，以及伊拉克或任何其他阿拉伯国家的每一个犹太人都将被迁移。"只有那些明确要求不受人口交换协议约束的人，才被允许留下来，前提是他们承诺完全效忠他们所待的国家。即使那样，他们也将失去所有的少数民族权利，相关政府将有权以安全为由将他们驱逐出境。实际上，这是一场强制人口交换，与1923年国联促成的希腊和土耳其之间的人口交换如出一辙。保护少数民族权利的观念已经消失，好像从未存在一样。

这个时期发生的一系列事件似乎证实了谢克特曼和修正派犹太复国主义者的观点。《联合国宪章》没有提及少数民族问题，旧金山会议也忽略了这一主题；会议召开时，德意志人被驱逐出捷克斯洛伐克和前第三帝国的东部省份。同年夏天召开的波茨坦会议批准了这一驱逐行动，次年匈牙利恢复对少数民族保护的努力也以失败而告终。1947年，联合国甚至成立了防止歧视和保护少数民族的小组委员会，但该委员会很快就被边缘化了。[35]谢克特曼敏锐地意识到了他所称的联合国的新"政治气候"。1951年，他注意到联合国对保护少数民族的兴趣正在减弱，以赞许的口吻指出，联合国的发起国极不情愿重复他们认为国联在这个问题上犯下的错误。国联的少数民族保护机制被废除了，联合国把重点转向（软弱地）防止歧视，而不是法律授权的保障措施。尽管在人权问题上有各种言论，但联合国大会的意见是支持强制民族同化，反对任何可能阻碍同化的机制，因为新老国家都一致认为，少数民族破坏了欧洲的稳定。谢克特曼指出，联合国正在以一种"本质上是拖延的方式"处理少数民族问题。1948年的《世界人权宣言》根本没有提到少数民族问题。（而且正如我们已经看到的，《预防及惩治灭绝种族罪公约》中关于文化灭绝的条款被删除了，该条款预示着要以另一种名义重新引入少数民族权利保护问题。）联合国在建立继承意大利前殖民地的政权时，对制定具体条款保护少数民族的呼吁予以了排拒。具有讽刺意味的是，唯一的例外是要求巴勒斯坦分治的 1947年联合国大会第 181 号决议。该决议明确规定了两国少数民族的文化和教育权利，并要求继续沿用奥斯曼帝国之前的家庭法和继承法。然而，没有任何关于监督相关国家遵守决议的建议，美国提出的由联合国提供担保的议案也无果而终。无论如何，该决议很快就被发生的事态超越。[36]

* * *

从这个犹太人在战时的学术研究和政策倡导的故事中，我们应该得出什么结论？首先，我们应该记住联合国讨论的议题在多大程度上源自早先国联的争论。所有参与其中的人（当然包括谢克特曼和莱姆金）都深受"一战"及其后果的影响。国联将维多利亚时代对国际法和外交条约的约束力的信仰与威尔逊时代对民族自决的新承诺结合起来；特别是对犹太人来说，它既提供了少数民族权利的保护，又提供了贝尔福关于在巴勒斯坦建立民族家园的承诺。谢克特曼和莱姆金都想挽救国联中有价值的东西，但对其中什么是有价值的，双方观点并不一致。

最终谢克特曼胜出。到"二战"结束时，欧洲主流舆论已经转而接受他多年来一直支持的观点。人们对国际法的信心受到严重削弱，联合国全面放弃了作为国联特征的干涉主义。对少数民族权利保护的放弃构成了这一现象——废除少数民族条约和摘除《防止及惩治灭绝种族罪公约》的关键条款——的一部分。少数民族现在被视为不稳定的根源，自由主义者和社会党像法西斯主义者一样强烈要求消灭他们。在欧洲解放过程中，驱逐行动——不仅是对德意志人，而且是对乌克兰人、波兰人和东欧其他民族——不仅被普遍视为两害相权取其轻，并且得到了盟国和斯大林的宽容。实际上，所有人都转而支持民族主义事业，即修正主义者和纳粹在 1930 年代呼吁的，如今盟国提倡的——族群的同质性是民族自决和国际稳定的一个理想特征。

我在这里讨论过的所有人也都同意另外一点：欧洲的问题是世界的问题，世界其他地区的存在是为了确保欧洲的稳定。对于 M 计划的规划者来说，这意味着一种国际解决方案——实际上，是将史末资式的构想全球化，把欧洲过剩人口当作难民。对于犹太复国主义者来说，这意味着在巴勒斯坦建立一个犹太民族国家。以色列国可以说是 M 计划逻辑的实现。如果我在这里没有提到阿拉伯人的声音，那是因为他们的声音——肯定是在抗议中提出的——在这些讨论中几乎完全被忽视了。阿拉伯人被认为具有一种犹太人不具备的适应性。如果巴勒斯坦的阿拉伯人不愿意成为一个犹太国家中的少数民族，那么他们当然可以搬到中东的其他地方。按照这种推导，最终，如果以正确的方式引导，一个由犹太定居者组成的国家就会成为整个地区的文明力量，引领一种新的增长和发展模式。因此，以色列建国本身就凸显了欧洲中心主义仍然活跃并且能发挥很好的作用。

在这一进程中，联合国发挥了主要作用。直到1945 年英国工党政府作出不干涉的基本决定后，巴勒斯坦才出现在联合国讨论的议题中。这时候，它就成了一个罕见的例子，表明华盛顿和莫斯科可以就其未来达成一致。之所以如此，部分原因是双方都认为中东的重要性不及欧洲。尽管成员国内部存在激烈分歧，1947 年联合国还是支持巴勒斯坦分治的提议。两年后，它更进一步，给予新成立的以色列国以联合国成员国资格。

在这种情况下，联合国的功能与其前身的大不相同。"一战"后，国际秩序的制定者们一直在犹豫是否允许增生大量不受监管的小国；现在，联合国支持它们的出现，并成为其合法性的保证。在 1947 年 10 月的联合国大会讨论中，苏联代表支持联合国的巴勒斯坦分治计划，认为"在这种情况下，法理争论和历史争论应该只是次要的……问题的实质是自决权"。于是，本-古里安领导的以色列在 1948 年的独立宣言中明确呼吁联合国确认其生存权，也就不足为奇了。美国的承认是以色列迈向被国际社会接受的重要一步，但联合国成员国资格也是其合法性的一个关键标志。[37]

这只是个开始。去殖民化的结果是越来越多的民族主义者要求自决。英国和法国在 1940 年代试图通过创新，以邦联的形式将殖民地团结在一起的努力，很快就破灭了。因此，建立一个单一巴勒斯坦邦联的梦想并不是唯一失败的构想。即使是那些吸引了更广泛效忠的反殖民主义运动，如泛非主义和泛阿拉伯主义，也会被民族利益撕裂，新独立的成员往往为了追求建立强大的地区性甚至大洲性政体而展开激烈争夺。[38]这样的国家在中东、南亚和撒哈拉以南的非洲大量出现。结果是，联合国成员国的数量以战时创立者无法想象的速度激增，从1945年的51个增加到二十年后的117个，到20世纪末增加到189个。反殖民活动人士以肯定的态度看待这种国家数量的扩张，并在1960年联合国大会通过的《给予殖民地国家和人民独立宣言》中表达了这一点。《宣言》谈到了自由和人权，并警告殖民统治的长期存在威胁着世界和平，但对少数民族只字未提。它毫无保留地谈论所有人民的自决权，但谴责"对国家统一和领土完整造成部分或完全破坏"的行为。正如在比夫拉、摩洛哥、厄立特里亚和孟加拉国发生的战争所表明的，这种夸张的威尔逊式语言回避了很多问题。因此，这些第三世界国家的出现扩大并加强了民族主义的影响，但往往伴随着在东欧出现的同样现象，如国家分裂、人口外逃和难民等。简言之，战后的去殖民化代表了民族主义问题的全球化。罗斯福M计划的设计者在1941年一直在考虑这个问题，他们的解决方案是实施基于西方资金和技术的全球新政，但它从未发生。

这个故事可以帮助我们理解战后国际社会对于

少数民族权利问题态度的决定性转变。最初，这反映了大国偏好的变化。国联只监督"新国家"的行为，因为英国、美国和法国把少数民族的权利视为维持他们在东欧建立的"防疫带"（cordon sanitaire）的一个因素。1945 年之后，他们既没有能力也没有意愿在该地区继续这样做，更不用说在其他地方了。当然，他们仍然像 1919 年一样，坚持不让联合国讨论他们自己的内部事务。事实上，对于非裔美国民权领袖可能利用联合国少数民族权利机制来让美国难堪的担忧，只不过证实了华盛顿方面厌恶任何积极的权利制度。例如，1947 年，全美有色人种促进协会向联合国提交了谴责美国黑人境况的请愿书，而新成立的联合国人权委员会却选择不予调查。与此同时，联合国新成员国支持保护主权不受国际干预的倾向。因此，联合国从未像其前身那样，在密切关注少数民族的困境方面表现出兴趣或专长。[39]

谢克特曼梦想在中东和南亚实行全面的强制人口交换来根除少数民族问题。他认为，1940 年代末上述两个地区的分治导致这两种情形都没有得到解决：以色列仍有阿拉伯人，阿拉伯国家仍有犹太人；印度仍有穆斯林，巴基斯坦仍有印度教徒。尽管很难达成全面的协议（通常是因为相关国家的关系不够好），但谢克特曼对少数民族的厌恶和让他们消失的愿望，比其他选择更加符合战后国际社会的情绪。莱姆金主张将种族灭绝定为犯罪，对 1950 年代的许多人来说，这似乎是回到过去的行事方式，而不是一种向前的新方式。他的世界构想带着 19 世纪的色彩，在其中，文化多样性将通过国际法权威得到保护，以表达国际社会决心遏制各国政要犯罪的意愿。莱姆金本人完全相信欧洲文明的优越，但反映这种态度的国际法制度正在衰落，而通过联合国起草国际人权法案的努力，最终只是带来了一部（用当时最著名的法律评论员之一的话来说）"没有法律效力，道德权威存在争议"的人权宣言。[40] 即使《预防及惩治灭绝种族罪公约》，在 1945 年后也没怎么保护少数民族免受攻击和大规模暴力。说得不好听，该公约不过是联合国对其前身的无能和对纳粹受害者的致敬。令人尴尬的事实是，联合国已经放弃了国联对保护少数民族的承诺，无论这种承诺多么脆弱，却又不愿意提出一个有效的替代方案。需要用柬埔寨、波斯尼亚和卢旺达发生的事件才能让人们回过神来。

第四章

尼赫鲁与全球联合国的出现

新的联合国缔造者们刻意淡化这个新世界组织与国联之间的延续性。一位美国评论员（也是《联合国宪章》的起草者）回顾了 1946 年 4 月国联悄然解散的过程，他指出，"由于担心引起潜在的敌意或怀疑，可能严重危及新组织的诞生及其早期成功，许多方面犹豫于要不要提醒人们注意旧国联和新联合国之间存在基本的延续性"。但这种延续性是显著的：事实是，尽管联合国对少数民族权利的态度与前者截然不同，但它"本质上是第二个国联"。[1]

与国联一样，联合国基本上是一个由独立国家组成的合作组织。联合国明确地表示自己是基于成员国主权平等原则，而这是国联没有直接言明的。然而，尽管支持者把它说得天花乱坠，但联合国却代表着有意从国联的相对平等主义退回到过去的大国秘密会议。总的说来，联合国大会的权力比国联大会的要小，而安理会五个常任理事国的权力更大。他们拥有行使否决权的新特权，为了更好地发挥罗斯福所强调的国际警察作用，他们还赋予自己以世界和平的名义召集军队协调安全措施的权力。换句话说，联合国甚至比国联还要更多地由大国来管理，而国际法作为一套独立于且凌驾于权力政治之上的规范，信任度要低得多。相反，正如一位苏联律师所写的，国际法现在含蓄地承认"热爱和平的大国"的"特殊权利"（和特殊义务）。[2]

至于对殖民主义的态度，联合国从一开始似乎比国联的宽容度更低一些。委任统治地现在被称作托管地，《联合国宪章》赋予联合国大会比国联更广泛的监管大部分托管地的权力：上诉程序比以前更正式；联合国大会被授予监督托管地政府的权力；联合国托管理事会可以安排实地调查。但是，与居住在欧洲殖民地（现在被委婉地称为非自治领土）的几亿人相比，托管地的人口只有二千万，而且美国提出的将所有殖民地置于联合国控制之下的半心半意的提议也遭到了拒绝。事实上，甚至在旧金山会议召开之际，欧洲列强仍在重申他们对东南亚殖民地的控制权。而随着战争接近尾声，美国的反殖民言论也逐渐减少，因为在华盛顿方面看来，与西欧主要大国建立良好的跨大西洋关系的重要性开始变得显而易见。因此，不管怎么说，联合国像它的前身一样，是一个为了在帝国和大国林立的世界里实现国家间合作和稳定而设计的国际组织。英国代表厚颜无耻地告诉与会者，正是他们这种殖民帝国的存在使得欧洲列强免于战败；他们已经成为"捍卫自由的巨大机器"，要想瓦解它肯定是不可想象的。[3]

对于那些熟悉旧的国联运行方式的人来说，联合国的一个显著不同是欧洲国家在其中的作用被大大削弱了。这场战争使欧洲大陆满目疮痍，甚至在会议代表们从温暖的加利福尼亚来到伦敦和巴黎毫无生气的街头之前，他们就已立即感受到了欧洲大陆在国际事务中的地位所受到的影响。"在国联中，"一位来自旧金山的国联支持者写道，"欧洲国家发挥了主导作用……而在旧金山，许多欧洲国家根本就没有代表……美国集团（bloc）的出现……同对英联邦集团传奇般信赖的终结奇妙地不期而遇。"几个月后，法国外交部长乔治·比多也被同样的一幕震惊了。"欧洲严重缺席……这是一个引人注目的事实。"在伦敦举行的第一次联合国大会上，他一边打量着与会者的面孔，一边说道。丘吉尔战时曾希望建立一个世界组织来管理欧洲——一种新的三大国协调，但遭到罗斯福和斯大林拒绝。结果是一个在精神甚至形式上代表着与国联截然不同的世界的组织。[4]

难道这就是 1946 年联合国大会上浮到表面的强烈的反殖民主义情绪的原因？也许：美国人（包括南北双方）尤其是坚定的反殖民主义者；苏联及其盟友、中国、菲律宾和许多阿拉伯国家也是如此。然而，与其说是这一因素，不如说是英联邦成员国之间的内部摩擦，决定性地推动了联合国朝着其发起国在很大程度上无法预见的方向前进。随着巴勒斯坦、印度、缅甸等与英国之间的摩擦日益增多，作为史末资所倡导的英联邦的中心，伦敦在国际事务中不再占据主导地位。巴勒斯坦问题是英国人有意留给联合国解决的。印度问题虽然不是，但无论如何，正如我们将看到的，它让人们感觉到了联合国的存在。联合国在被拉着去裁决帝国的内部纷争时，自身也发生了变化。在大国的设计中，一开始是考虑让联合国作为一个能够容忍帝国存在的机构，比如罗斯福的副国务卿萨姆纳·威尔斯就说过，"葡萄牙的帝汶要花上一千年才能获得独立"。但令人惊讶的是，联合国很快就变成了一个反殖民主义的关键论坛。[5]

史末资——此时他的政治生涯已接近尾声——和南非又一次处在风口浪尖。事实上，可以毫不夸张地说，正是在南非及其政策问题上，联合国各机构才第一次展现其本具的影响全球事务的可能性。首先，是一场关于西南非*——史末资仍然希望吞并这块国联的委任统治地——未来的辩论。其次是南非的印度人问题，以及官方对他们日益严重的歧视。甚至在印度独立之前的 1946 年，尼赫鲁和他的临时政府就抓住这一点，并把事情搞大：他们绕过白厅，在联合国大会上公开了南非印度人的情况。本章要跟踪的是这个事情的结果：联合国开始转变成为今天仍在扮演的全球论坛角色。当南非因坚持种族政治而转向实施种族隔离政策并被国际社会唾弃时，印

---

* 西南非，即今天的纳米比亚。1920 年国联委托南非统治该地，1949 年，南非吞并该地。1966 年联合国大会根据西南非人民的决定将"西南非"更名为"纳米比亚"。1990 年 3 月 21 日实现独立，成为非洲大陆最后一个获得民族独立的国家。

度第一个成功挑战欧洲所主张的统治权利，并突出了后殖民世界这个国际体系新元素的影响（但也突出了这种影响的局限性）。

1945 年，史末资仍然希望通过向北扩张，建立一个大南非来实现南非的地缘政治使命。他非但不认为这种野心是一种时代倒错，反而认为"二战"正是为了使这种扩张得以发生所作的斗争。从他的角度来看，一个由南非领导的、留在英联邦内部的非洲大陆比其他两种选择都要好：一种是纳粹主导下的欧非（Euroafrika），在战时被德国狂热的殖民分子四处兜售；另一种是他预计的因英国对非洲本土统治的严重让步而导致的无政府分裂状态。史末资预期，由于他对德国进攻波兰所作的迅速反应（赢得议会的关键性投票，从而使南非站在英国一边参战），伦敦会支持他的目标。但是自 20 世纪初以来，白厅的态度已经发生了变化。英国人充分认识到，非洲黑人反对南非白人政治控制的扩张，无论是在战争期间还是战后。1939 年 10 月，他们断然拒绝了史末资的主张，此后也一直持此种态度。

然而，也许是因为伦敦和华盛顿有影响力的决策者同情他的观点，所以史末资并没有看到任何不可逾越的障碍。但在南非国内则是另一番景象：他在战时对撒哈拉以南非洲所作的联邦主义构想——完全符合战时广泛流行的观点，即为战后整个世界提供联邦主义解决方案——导致了他的白人追随者的分裂。英语媒体大多对他的构想表示赞成，而《纳塔尔每日新闻》则从现代化的角度为南非率先采取行动提供正当性。它坚称，这并不是回到过去糟糕的日子。相反，"旧的帝国主义时代〔正〕让位给资本和技术服务用于欠发达地区发展的时代"。其他记者也承认，南非在本土政策方面骇人听闻的名声需要改变，才可能有希望建立"非洲邦联"。但阿非利卡人的观点并不容易被说服。在许多阿非利卡人看来，史末资关于非洲大陆领导地位的宏伟梦想令人恐惧，他的政策会导致他们"被外国人〔换句话说，就是英国人〕控制的黑人大国吞噬"。史末资现在需要走钢丝：在不失去南非阿非利卡人支持的情况下，让伦敦与他同行。非洲黑人的想法并不在必须考虑的范围之内。[6]

但这种情况即将改变。随着"二战"结束，史末资不失时机地重新提出了西南非未来的问题。自"一战"结束以来，西南非一直作为丙类委任统治地由南非管理。1945 年 6 月，从旧金山返回南非后，史末资宣布，南非将寻求正式终止委任统治，将领土完全并入南非，而不是将管理权转交联合国。次年 1 月，这一要求提交给了在伦敦举行的联合国大会第一届会议。南非代表告诫大会不要生搬硬套"托管的理论原则"，忽视借鉴南非长期以来对本地人的治理经验。非洲"提供了……一个几乎是处女地的领域，在这个领域中，许多给诸如欧洲等更先进大陆的经济和社会发展蒙上阴影的错误和过失是可以避免的"。这尤其意味着，不要拔苗助长，让未开化的民族过快地建立国家。南非人所提供的只是一个与当地人协商委任统治的承诺，这种承诺会让斯大林感到得意。[7]

美国反对这一想法，史末资清醒地意识到其中的分量，于是希望得到英国的支持。事实上，英国工党政府也同意支持他。然而，这一决定并没有公布。随后，经验丰富的贝专纳摄政切凯迪·卡马发起了一场卓有成效的反对南非人的外交运动，使情况变得更复杂。卡马这么做，除了非国大的领导人曾向他寻求帮助，也是因为有自己的直接利益：如果西南非被吞并，他和他的人民以及南非联盟边界内的其他高级专员属地很可能是下一个目标。

因此，在现代历史上第一次，由一位非洲政治领导人代表另一个附属国进行国际游说，而正是联合国这个新世界组织提供的论坛使之成为可能。史末资希望卡马保持缄默并阻止他来伦敦，并威胁说，如果卡马不按他的要求行事，就动用武力接管高级专员属地——这种威胁是南非的杀手锏。结果是，英国政府拒绝将卡马的呼吁提交给联合国，并设法阻止了他的旅行。因为白厅真的很担心史末资会那么干，并且知道自己无力阻止。沮丧的卡马公开质疑：在他被阻止向联合国大会陈述自己诉求的情况下，新成立的联合国背后是否真的存在"各国的善意"。直到 8 月份，英国工党政府才最终公开表态支持史末资。三个月后，当西南非问题在纽约召开的联合国大会上被提上议程时，卡马的游说已经取得了成果。这时英国人尴尬地发现，自己因支持史末资的吞并主张而陷入了孤立状态。意识到国际社会的反南非情绪，史末资退缩了，只提议大会应该"注意"这样一个事实，即西南非的土著居民——根据他的说法——想要被吞并。尽管如此，他的动议仍被绝大多数代表否决，大会转而要求南非提出一项托管安排。正如研究这个虽小但颇有启示性的事件的历史学家所指出的，卡马"可能是唯一成功反对过史末资的非洲人"。[8]

史末资在西南非问题上的失利是国际舆论风向变化的一个重要标志。他的吞并想法的确得到了英国支持，但与1919年不同的是，这一回有英国的支持还不够。白厅不再像国联成立时那样在国际事务中处于主导地位，也无法控制辩论。英国人试图封住卡马的嘴，但后者拥有了早些时候没有的资源。国际社会反对殖民扩张的舆论已经变得强硬——史末资在《联合国宪章》序言中指出，对联合国的最终成功来说，不可或缺的正是这种舆论。而这种舆论现在也可以由非殖民国家采取行动在联合国大会上表达。也许更重要的是，它也被苏联和美国利用。苏联和美国之所以如此是出于不甘人后，至少在他们认为没有战略价值的地区。因此，与旧的世界组织不同，这个新的世界组织中存在着潜在的，有时甚至是实际的反殖民主义因素。简言之，史末资的兼并主义与时代格格不入。对联合国来说，谨慎地默许旧帝国维持现状是一回事，而允许它们实际扩张，则完全是另一回事，因为这可能导致托管计划变得毫无意义。

在这个新的国际组织中，有一个国家的作用变得特别重要，尤其卡马曾依赖过它，那就是印度。导致南非兼并西南非的要求失败的原因可能有很多，而使它注定失败的，是此前在联合国大会上由印度代表团发起的意义更为深远的关于南非印度人困境的辩论。这个问题在 1946 年的联合国大会上广受关注，并指向了一个截然不同的未来。

* * *

在 1860 年印度和纳塔尔签订协议，允许契约劳工在沿海的蔗糖种植园工作之后，印度人第一次迁移到南非。从一开始，他们就是印度和南非殖民地之间争论的焦点，印度曾两次终止劳工协议。南非歧视印度人的法律——主要是在纳塔尔——长期以来一直激怒着印度当局，但白厅和南非人普遍无动于衷。正如一位英国官员在 20 世纪初所言，"如果印度本土人表现出任何要移民到英国的倾向"，白厅必然会采取类似的态度。1903 年 5 月，布尔战争结束后，米尔纳勋爵以种族隔离为由，为这种限制政策辩护。"它并不针对肤色或任何特定种族,"他声称,"而是为了防止更高文明程度的人,不论种族或肤色如何,因为被迫与较低文明等级的人接触而堕落。"他的追随者们为他们所钟爱的英联邦的未来得出了结论:正如英联邦理念的主要推手、年轻的莱昂内尔·柯蒂斯所写的,德兰士瓦的印度人不应该被赋予平等的权利,以免"在未来几个世纪里,印度种族的巨大水库……被打开,从而导致整个帝国自治领被淹没"。[9]

这个问题也对年轻的甘地产生了巨大的影响。他于 1894 年抵达纳塔尔,成立了纳塔尔印度人大会,并组织了他的第一次非暴力抵抗政治运动。因此,南非印度人的政治化和英属印度自身争取自由的斗争之间有着密切的关系。1913 年南非反对印度人的《移民管理法》通过后,甘地发起了第二次大的运动,并导致了法令的修改。"一战"后,随着南非种族隔离日益标准化,这个问题再次浮出水面。正如我们所看到的,这个政策实际上是由史末资制定的。1921—1923 年帝国会议期间,甚至在开创性地提出有影响力的现代英联邦蓝图的同时,史末资拒绝依印度政府的要求,给予南非印度人"全部公民权"。他担心这会导致选举权的普及，以及他眼中的"南非的末日"。因此，米尔纳和柯蒂斯表达的对大规模移民可能污染英联邦本身的恐惧在"一战"后依然存在。英国确实有一些人，包括柯蒂斯的亲密同事洛锡安勋爵，认为印度应该加入英联邦，不过英国政府于1935年通过的《印度政府法案》明确规定，印度的角色将是从属角色，没有自治领地位，由总督统治，而总督拥有比自治领行政长官更广泛的权力。[10]

　　与此同时，在两次世界大战之间的整个时期，新的种族隔离立法不断地适用于南非的印度人（当然，是在对非洲人采取更全面措施的背景下）。1939年的《德兰士瓦亚洲土地和交易法》实施了一项为期两年的禁令，禁止德兰士瓦的印度人进行财产交易，并禁止向他们发放许可证。战争爆发时，印度和南非的关系已经跌入低谷。但在战争期间，情况变得更糟。纳塔尔白人的反印情绪非常强烈，而在1943年选举前夕，史末资为了迎合这一情绪，将德兰士瓦的措施——所谓的《钉住法》（"Pegging Act"）——也延用到了纳塔尔。

　　印度人被激怒了，他们声称史末资违背了他在战争期间不出台歧视性立法的承诺。在德班市政厅举行的一次会议上，一名印度抗议者撕毁了一份《大西洋宪章》，称其为"一流的嘲弄"，随后发生的骚乱使印度和非洲的活动家首次联合起来反对白人统治。正是在这个时候，印度和非洲的一小群马克思主义者组成了非欧洲统一运动（NEUM），旨在统一非洲人和"有色人种"。轴心国宣传人员获悉有关南非战时措施的消息时，纷纷幸灾乐祸。柏林电台称《钉住法》是《大西洋宪章》的首次实践，而东京则欢呼称，这是一个信号，表明欧洲人正在把亚洲人排挤出非洲，亚洲至少应该属于亚洲人。无论如何，这给英国在印度的统治带来了不安。枢密院的一位印度成员也提出了同样的观点：《钉住法》将比印度国内的任何鼓动都要更快地瓦解英帝国，因为它将催生"亚洲属于亚洲人"的口号，在"即将到来的亚洲联邦"中，欧洲人可能没有立足之地。[11]

因此，印度日益高涨的民族主义突显了许多重要的英联邦理论家骨子里的保守主义。早在南非自治尚处于萌芽的时候，莱昂内尔·柯蒂斯就已经认定，没有长期的监护，印度人是无法实现自治的。但战争显然缩短了这一过程，使得印度离实现自治目标更近了一步。随着数十万印度人为英国而战，英属印度新总督韦维尔勋爵感到有必要认真对待印度人的抱怨。由于帝国官僚机构内部的紧张关系削弱了帝国的团结，并加剧了印度的反殖民情绪，韦维尔警告史末资，他的政策将遭到报复。事实上，1943年7月，印度政府通过了一项法令（没有立即生效），允许其像南非政府对待南非印度人一样对待在印度的南非人。对南非实施经济制裁也被印度政府考虑在内。1944年11月，韦维尔和他领导的委员会采用了对等法案：这基本上是一个象征性的姿态，但伦敦非常不赞成。这并不足为奇，因为伦敦担心战争期间英联邦内部会公开分裂。史末资本人则持悲观态度：任何令印度人满意的解决方案都会激怒南非白人，反之亦然。他如此重视的英联邦现在正面临分崩离析的危险。正如我们所看到的，这一概念为英国思想家提供了一个强有力的世界秩序模型，但它显然植根于19世纪的种族假设和等级制度，已经无法满足20世纪中期世界发展的需要。

* * *

因此，退后一步，对"二战"期间印度洋沿岸迫在眉睫的广泛问题进行审视也许是有益的。1940年末，一名年轻的南非印度人给甘地写了一封信，总结了许多非白人的复杂感情：

> 我不知道印度人在这个关键时刻应该采取什么态度。"白种人"对"有色人种"是如此冷酷无情，而且尽管战争正在进行，他们对有色人种的偏见仍然有增无减。那么，我们为什么要为他们献出生命呢？最近，一位从欧洲回来的印度学生告诉我们，尽管船上并不拥挤，但英国公司还是不愿给印度人提供食宿。这种待遇使我们以及非洲人民相信，就我们而言，纳粹、布尔人和英国人没有区别。如果纳粹统治南非，我们不会受到比今天更恶劣的待遇。我们很多人都认为，英国人只是嘴上说得好听，奉行的还是自己的冷酷政策，而希特勒则要坦率得多。不管怎么说，他说出了他的真实感受。难道不是吗？[12]

甘地的回复措辞谨慎。"在英国人和纳粹之间没什么可选择的，"他写道，"这一点在南非尤其明显，有色人种在各个方面都被视为绝对劣等。除了这些，纳粹还能说什么或做什么呢？英国人的失败将意味着纳粹的胜利，而这也是我们不希望且不应希望看到的。因此，我们应该不偏不倚。我们渴望属于我们自己的独立。因此，我们没有理由希望德国灭亡。我们必须通过自己的力量来实现和维护我们的自由。我们不需要英国人或任何外界的帮助。"[13]

因此，在德里看来，"二战"提出的根本问题不是英国人或德国人是否会获胜，而是非欧洲人如何利用欧洲冲突提供的机会，为独立铺平道路。当前的战略问题是如何以及是否需要在对立双方之间进行选择。这会是一个艰难的选择。毕竟，轴心国曾在1940年提议将世界划分为几个势力范围，而盟国也是如此。正如1943年三巨头召开德黑兰会议之后《孟买纪事报》所说的，"他们的设计很明确，即构建两个世界，一个是包括美国在内的白人的、帝国主义的'欧洲'世界，另一个是将亚洲和非洲有色国家作为其'附属国'的世界"。简言之，在战争中涌现的是自20世纪初以来整个亚洲对西方日益增长的深刻不满，尤其是西方对待国际治理的总体态度以及具体的普世主义言论的虚伪。[14]

最近的两项研究让我们想起了1919年的威尔逊

时刻和随后出现的反殖民运动之后，在全球弥漫的幻灭感。回顾过去可以看到，泛伊斯兰主义和泛阿拉伯主义从未像英国或俄国情报官员认为的那样构成严重威胁，因为它们没有得到中东新兴国家的支持。当时，所有这些国家都在努力摆脱英国的监管。事实上，对欧美霸权更严重的挑战来自泛亚主义意识形态，尤其是来自日本的意识形态：自 1905 年［日俄战争］以来确立了大国地位的日本最适合从内部挑战国际体系中的西方偏见。1920 年代，日本逐渐脱离《日内瓦公约》，并在 1931 年入侵中国东北时与国联决裂。在接下来的十四年里，尤其是在 1940 年代初，日本对欧洲统治提出了最强有力的挑战，它对泛亚洲领导地位的要求令人不安地建立在两个基础上——军事统治和政治解放（理论上的，如果不是实践上的话）。随着日本军队入侵东南亚，日本人提出的"亚洲属于亚洲人"口号的潜在吸引力让白厅和白人移民自治领更加警觉。新西兰的报纸担心"我们所熟悉的文明的终结"。罗斯福的顾问威廉·菲利普斯在印度警告说，"我们面临着一个庞大的东方民族集团，他们有许多共同之处，包括对西方人日益增长的厌恶和不信任"。在南非，史末资也怀疑非洲黑人是否在等待日本人的到来，并推算起如果印度起义会产生什么后果。也许可以这样理解史末资对联合国的希望：比起英联邦来，用联合国作为白人联盟的工具，能够更好地承受其他反对白人的种族势力的冲击。[15]

因此，对于德里的印度民族主义者来说，与其说是在英国和德国之间作出选择，不如说是在英国和日本之间作出选择。但在某种意义上，印度国大党两边都选了。如上所述，由于被日本军国主义所威慑，甘地如许多国大党成员一样，倾向于有条件地接受英国的控制。但在国民大会运动内外的许多人看来，这种立场似乎是被动的，对战争带来的机会以及战争对欧洲秩序造成的破坏无动于衷。这一观点最重要的倡导者是苏巴斯·钱德拉·鲍斯。1940年，他被逐出国大党。于是，他首先向纳粹德国寻求援助。由于对希特勒的冷淡态度感到失望（1942年5月他与元首的谈话明显地证实了希特勒的谨慎），鲍斯把注意力转向了东方。他谴责"所谓联合国"的战略是对《德意日三国同盟条约》的"拙劣模仿"，并警告说（正如丘吉尔也坚持的），《大西洋宪章》不会适用于印度。虽然美国公众舆论同情印度的独立事业，但鲍斯却强调了1941年亨利·卢斯称赞即将到来的

"美国世纪"的名篇所体现的地缘政治野心，并坚称罗斯福政府梦想凭借自己在世界事务中的绝对优势取代英帝国的地位。因此，从逻辑上讲，印度的斗争需要依靠"所谓联合国的敌人"。[16]

随着鲍斯的到来，日本人不得不认真考虑印度问题。战时日本的"大东亚共荣圈"构想只给印度分配了一个边缘角色，对此不会有人有异议。但这一构想的确复制了《大西洋宪章》关于尊重国家主权和国际合作的表述，同时对国联及其后继者的欧洲中心主义提出了颇具吸引力且颇有道理的批评。1943年11月在东京召开的一次会议，谴责了英国在印度的殖民统治，并承诺支持鲍斯，也就是说，如果日本获胜的话，印度将被鲍斯的印度国民军从英国手中解放出来，并在日本主导下的区域性国家体系中迎来独立。这一前景足以吓到罗斯福，他试图让丘吉尔对印度的期望作出更多让步。但丘吉尔迟迟不作答复，因为他和许多英国决策者对美国人的忧惧不亚于对日本人。事实证明，鲍斯押错了赌注。1943年10月，他在新加坡宣布成立自由印度临时政府，但未能获得国大党支持。因为很明显，不仅当时日本面临着失败，而且其他国大党成员很清楚，即使日本获胜，他们的胜利也不能保证印度在亚洲国家体系中扮演重要角色。[17]

在国大党高层内部，对印度在世界上的地位有一种截然不同的看法，由尼赫鲁在许多演讲和著作中作了最好的表达。尼赫鲁是鲍斯在国大党高层的竞争对手，自1942年以来一直是甘地指定的接班人。他长期呼吁印度民族主义者培养国际主义意识，并为自己对全球发展的兴趣感到自豪。早在1928年，他就主张建立一个对苏联及其"新文明"开放的进步联盟。他认为这可以阻碍"帝国主义"影响，有助于将印度人从"屈从英国，以及认为与英国的联系具有必然性的奇怪心态"中解救出来。他认为，"重要的是要认识到英国不是全能的"，要明白"英国统治的日子已经屈指可数了"。法西斯主义在欧洲的崛起只是加快了这一进程。在尼赫鲁看来，法西斯主义与帝国主义问题有关，并暴露了帝国主义的本质；自命为民主主义者的英国人在印度表现得就像法西斯分子一样。[18]

当然，尼赫鲁承认法西斯主义本身就是一种威胁，不过即使法西斯主义似乎将要取得胜利的时候，他还在要求恢复国际合作。1939年春，德国进军布拉格后不久，他呼吁国际社会作出新的努力，争取在国联失败的地方取得成功。对尼赫鲁来说，国联"一开始的方向就是错的……它试图稳定某种无法持久的东西，试图保护帝国主义和战胜国的特殊利益"。换句话说，一个稳定和持久的国际机构，从定义上讲就必须是反帝国主义的。但尼赫鲁坚决支持国联所宣扬的基于自由和民主的集体和平理念。比起史末资，他更像一个国家统制主义者（statist），他希望建立一个"世界联盟"，在这个联盟中，自治的民族国家将向世界联盟立法机构派出代表，而这个立法机构将把社会主义计划经济的原则推广到国际上。他很快就因这一想法的不切实际而受到打击，不到一年后（可能也是因为意识到印度的独立比许多人设想的更近），他转而从事关于建立一个世界国家联合体的写作。[19]

几乎可以说，尼赫鲁的构想是史末资式的。但除了在至关重要的细节上，它的其他部分都是史末资所谴责的——一个对英国或欧洲的领导地位避而不谈的"更大的联合体"。尽管 1944 年在敦巴顿橡树园举行的四大国会谈中提出的新联合国与他的目标大相径庭，但尼赫鲁还是看到了它的价值。他理解确保大国支持的必要性，因此支持允许大国在安理会拥有否决权，以防止联合国沦落到与国联相同的命运。[20] 但这显然并不意味着允许保留国联的欧洲中心主义，也不意味着不能利用现有的一切途径为反殖民事业辩护。

反对欧洲中心主义，首先意味着维护亚洲的力量：尼赫鲁和日本国际主义者一样，欣然接受了这一点。但对他来说，这是印度的事情，而不是日本的。自日俄战争以来他就一直关注如何确保印度在亚洲的领导地位，并在 1932 年发表《亚洲对新时代呼唤的回应》，就这个主题进行了讨论。他认为，亚洲不应通过模仿欧洲来回应欧洲的力量，而应通过在新时代发出"具有自身文明特色的声音"。亚洲主义在鲍斯的战略中，意味着在日本的领导下解放印度，但在尼赫鲁看来，解放印度的最好方式是在新的英—美—苏共管体系下。

日本的失败使鲍斯的战略破产，为尼赫鲁扫清了道路。战争一结束，他就立即与欧洲恢复殖民统治的行动作斗争。早在 1945 年 12 月，他就提议召开亚洲会议，以促进区域合作；三个月后，他已通过东南亚之行非常清楚地察觉到英国为巩固法国和荷兰在该地区的统治所作的努力，于是再次发出了这一呼吁。1946年3月，他在接受《纽约时报》采访时表示："整个被称为殖民主义的体系必须废除。""很明显，附属于殖民帝国的人民正处于一种反叛情绪中，不可能被长期镇压下去，每一次镇压都是对宗主国的消耗和削弱……一个衰落的帝国试图帮助另一个更加摇摇欲坠的帝国，只会加速自己的解体。"如何继续前进？他总结道："第一大步是在缓慢发展的世界秩序大框架内，明确放弃殖民主义和帝国主义。"他清楚地感到，去年春天的旧金山会议在这方面失败了。[21]

当尼赫鲁在印度独立前夕被任命为临时政府首脑时，他立即就把注意力转向了联合国组织。在考虑是否要求在安理会中占有一席之地时，尼赫鲁指出，印度是"潜在的大国"，是未来亚洲和印度洋安全体系的中心；"印度被当作一个小国对待是荒谬的"。无论安理会怎样组成，印度的"天然位置"都是"亚洲所有小国"的领袖。因此，当南非令人惊讶地、不合时宜地出台一项新的反印度人立法——1946年的《亚洲人土地使用权和印度人代表法》——提议限制印度人的投票权和居留权，激起了印度人的反对情绪时，尼赫鲁抓住了这个问题带来的推动更广泛议题的机会。这将使印度成为挑战殖民统治运动的先锋，并迫使殖民帝国停止在世界不同地区采用不同的原则。最重要的是，他认为，"没有理由认为欧美应该被视为现代世界的中心，亚洲却应该被忽略。亚洲将不可避免地成为未来国际事务的主要中心之一，越早认识到这一点并发挥作用越好"。他在 9 月底对媒体表示，印度的外交政策围绕着"终结亚洲、非洲或其他地方的殖民主义，实现种族平等……结束一个国家对另一个国家的统治或剥削"的目标而实施。此时，联合国的灵魂之争已经深入展开。[22]

* * *

这一切似乎都发生在 1946 年。年初，联合国大会第一届会议在伦敦召开，南非和印度之间的紧张关系加剧，南非印度事务高级专员被召回国进行磋商，他随身带着史末资提出的新法案大纲。印度总督韦维尔曾在幕后要求史末资阻止此事，但未取得任何效果。拟议中的新法案让印度公众舆论感到震惊，因为印度人虽然获得投票权，但只能作为二等公民对待，不仅受到教育和财产资格的限制，还受到居住的限制，而这将造成印度人只能住在"贫民窟"。

印度政客希望伦敦有所作为。但英国政府无意干预，因为它无法解决目前的僵局，并认为这是"属于印度和南非"之间的问题。[23] 此时，对英联邦来说是一个关键时刻。自 1920 年代以来，它一直倾向于认为，英联邦成员国不应将相互间的争端提交国际机构处理。另一方面，英联邦要保持凝聚力的话，就意味着得设置某种仲裁程序以解决成员之间的争端，但实际上并不存在这种正式机制，主要是因为印度在英联邦内的地位尚未确定。伦敦的英国文官系统的态度软弱得令人吃惊。他们希望尼赫鲁没有做出将南非问题提交联合国的"相当空洞的姿态"，也希望可以避免这种家丑外扬的行为。但他们束手无策，不愿在帝国的两个重要成员之间选边站队，于是对尼赫鲁的举动抱着听天由命的态度。正如韦维尔所指出的，即使英联邦内部存在一个仲裁机制，尼赫鲁可能也会不加理会，因为他认为其他英联邦国家也存在种族偏见。[24]

简言之，种族政治以及史末资自己的种族隔离政策正导致他所钟爱的英联邦陷入困境：事实证明，南非白人移民的统治无法轻易地与英国其他殖民利益区分开来，而英联邦本应体现的"道德共同体"最终变成了一个骗局（确实，有人可能会补充说，这一过程从战争结束后加拿大、澳大利亚和新西兰在战略上越来越依赖美国可以看出来：到 1940 年代末，"自治领"一词已经不再使用）。[25] 尼赫鲁此举在伦敦引发了一场发人深思的讨论，即独立的印度是否应该被邀请留在英联邦。这会不会"削弱我们所知的盎格鲁－撒克逊俱乐部的凝聚力"？一名受够了印度人的文官认为，印度人是想建立一个"亚洲集团"来对抗英国和美国，如果留在英联邦，他们的行为只会像"一个更令人恼火的爱尔兰"。然而，至少对陆军和海军而言，印度仍然是战后英帝国战略的关键。因此，对伦敦来说，最好的政策就是完全置身于印度与南非的纷争之外。就这样，随着英帝国内部矛盾在日益民主化的时代被放大，帝国的控制正在失灵。[26] 例如，英属印度事务办公室敦促英国联合国代表团在即将到来的辩论中保持最谨慎的中立，以免把独立的印度推向苏联的怀抱。

在对拟议中的南非新法律作出反应时，采取了行动的正是纳塔尔印度国民大会，它敦促德里提供帮助，并建议印度政府向联合国提出这一问题。在印度首都，负责海外印度人事务的总督府成员纳拉扬·卡雷博士起初对此举成功的可能性感到悲观，但他接受了这个建议。他后来回忆说，这并不是一个毫无争议的举动："我的一个同事当面告诉我，一名印度文官绝不会做出那样不负责任的行为……总督指责我不负责任。"[27]在印度外事部门内部，文官们讨论了此举是否可行。他们得出了肯定的结论，因此建议卡雷向联合国大会而不是安全理事会（因为它对世界和平并无威胁）提出这个问题。联合国的辩论可能会出现以下情形：一方面，南非肯定会辩称，这是一个国内管辖权问题，因此它很可能会获胜；另一方面，也许印度可以利用道德责任的语言，说它有义务关心在南非的印度人，直到他们享有充分的公民权利。

印度外事部门的一名高级文官建议，要把事情好好想一下，不要过于草率地反对国内管辖权："如果印度也有不满的少数民族，他们向不太友好的国家争取支持，以便将他们的案件提交给联合国组织，下一步究竟该怎么办？"（正是在这个时候，英国律师们正在权衡是否要在给予印度独立的条约草案中加入少数民族保护条款。）但这种风险被认为是无关紧要的而未予考虑，因为国民大会中似乎没有人认真对待少数民族权利保护问题了，而印度向联合国申诉的理由（并非基于少数民族权利的理由）被认为是无比充分的。毕竟，有人声称，为了兼并西南非的申请获得成功，南非希望给世界呈现出"最完美的形象"。于是，印度希望利用卡马的抱怨，而卡马也想利用印度的抱怨，分别来为自己的诉求增加砝码。[28]这个问题既没有向英属印度事务办公室提出，也没有向3月份抵达印度的英国内阁代表团成员提出，不过印度总督还是提出了最低限度的反对意见，但伦敦令人沮丧的回复电报干脆被扔在了一边，因为它们只是复述德里已经考虑过的东西而已。[29]

1946年6月，南非《亚洲人土地使用权和印度人代表法》生效，纳塔尔和德兰士瓦开展了规模浩大的公民不服从运动。两周后，印度总督府最终决定向联合国大会提出上诉，并于6月底正式提出申诉。然而，令发起者卡雷博士烦恼的是，他曾在1938年被开除出国大党，因此并不喜欢国大党，而由国大党领导的、尼赫鲁担任首脑和代理外交部长的临时政府在9月上台，揽走了所有的功劳。尼赫鲁向韦

没有魔法官

维尔提出的第一个问题就是南非问题。甘地与韦维尔磋商后，决定派遣一支强大的印度代表团参加在纽约举行的联合国大会，该代表团由尼赫鲁让人难对付的妹妹维贾雅·拉克希米·潘迪特率领。甘地和尼赫鲁都决心——用尼赫鲁的话来说——让联合国与南非划清界限，如果南非依旧采用纳粹化政策的话，就会被从国际大家庭中除名。尼赫鲁还对联合国的支持者发出警告：如果联合国、欧洲或美国不这么做，那么"很快就会有一天，整个亚洲都会这样做，非洲也会这样做"。[30]

　　尽管南非和印度在这一问题上结怨已久，但史末资对印度的倡议感到震惊，是可以理解的。首先，防止这个新的世界机构干涉其成员国内部事务，即所谓的国内管辖权问题，在旧金山会议上得到了广泛讨论，尤其是英联邦各国领导人对这个问题尤为关注。没有哪个国家愿意让联合国干涉自己的国内政策——无论是对南方民权问题格外敏感的美国，还是苏联，甚至英帝国都是如此。英国自治领的领导人帮忙制定了《联合国宪章》有争议的第 2 条第 7 款（国内管辖保留条款），正是为了防止此类问题被提交给联合国。他们不仅得到了美国的支持，也得到了许多南美国家的支持，这些国家担心大国利用联合国干涉他们的内政。史末资本人曾要求联合国保证不受理南非印度人问题，并告知南非议会也不要受理。当时的印度政府也没有反对。然而仅仅一年后，它就翻脸了。甚至还没获得独立，印度就愤怒地利用史末资那一套"对基本人权的信念"的修辞来谴责同为英联邦成员的南非。[31]

至于英国人，他们感到震惊：印度的倡议代表着"对帝国概念的根本打击"。英国的理论家们曾经设想建立一个世界安全组织作为其帝国的附属物，而现在，新的联合国似乎威胁到了英帝国的存续。但事实上，他们有更令人恐慌的担忧：例如，如果他们完全失去对印度的殖民统治，而这个新的世界机构最终不仅讨论南非问题，也讨论印度问题。在持续到 1946 年的关于印度次大陆未来的激烈谈判中，英国内阁一直担心，如果他们不能与印度达成协议，整个印度问题可能最终会提交给联合国来解决。这种担忧现在看来可能很奇怪，但在当时却是真实的。巴勒斯坦问题是一回事，英属印度则完全是另一回事，而且英国内阁不喜欢让联合国介入的想法。英国外交大臣欧内斯特·贝文警告称，这相当于"把印度帝国交给苏联",因为苏联是"唯一随时准备且能够提供形势所需部队的国家"。这一行动显然需要国大党的批准,因此,尼赫鲁决定就南非问题向联合国求助,乃旨在提醒英国人,他们连印度命运的唯一仲裁者都不是,更不用说整个帝国了。[32]

1946 年秋,甘地和日益疲惫的尼赫鲁指示印度代表团,"应该尽量远离正在相互敌对的权力集团,并设法缓和这些集团造成的紧张局势"。同年 9 月,尼赫鲁公开表示,这不"只是一个印度问题",而且是一项"世界事业",涉及亚洲人、非洲人,以及所有为"所有种族机会平等、反对纳粹种族主义"而奋斗的人。到这里,他的战后国际主义的基本特点已经很明显:在冷战的两极化中保持中立;以及,不仅为某些属于公认的"亚洲"的人民,而且为全球范围内的殖民地人民提供支持,为印度发挥领导作用提供最佳机会。[33]

* * *

在 12 月的联合国大会上,对印度申诉的接受显示了新世界秩序的几个令人惊讶的特点。一是联合国大会愿意听取这些申诉。尽管史末资警告说，这将使少数民族问题再次成为国际关注的对象——正如我们在前一章所看到的，联合国作为一个整体似乎很乐意让这个问题成为过去——但几乎没有其他代表团对这一先例感到担忧。（史末资在国内的民族主义反对者之后会以完美的逻辑——尽管这么做不够明智——威胁要像东欧人对待他们的少数民族一样对待南非印度人，也就是驱逐他们。）在两次世界大战之间，一般认为是国际法通过国联来保护少数民族。但是，对于让法律决定政策的想法，联合国大会表现出明显的不耐烦。美国、英国、南非和其他英联邦国家希望国际法院来验证印度的说法，即南非对待境内印度人的方式不符合《联合国宪章》规定的义务。加拿大人谈到要维护对国际法的尊重；英国人警告说，联合国大会还不是"世界议会"。但印度人声称，这个问题太重要，不能让律师来处理。其他许多国家也同意这种看法。苏联代表团拒绝通过法律途径解决这个问题，称这样做会将问题的政治重要性降到最低，并削弱联合国自身的威望。以殖民主义作为批判的要点不可避免：英国人注意到殖民大国在联合国大会上永远是少数派，强烈谴责那种认为"拥有殖民地本身就应受谴责"的"普遍心态"。但印度人申诉的关键在于声称种族偏见威胁和平。现在,对国内管辖权条款的严格解读被搁置一旁;法律细节被忽视了,而国际法效力日渐衰弱的另一个迹象是,《联合国宪章》的规定被人权精神和道德义愤所压倒。具有讽刺意味的是,这些力量正是史末资本人在十八个月前所唤起的。可以说,史末资败在了自己手上。[34]

因此,印度的动议在联合国各委员会获得通过,经过一些修改后,也以 32 票赞成、15 票反对、7 票弃权的投票结果在联合国大会勉强通过。印度代表团团长潘迪特夫人称这是"亚洲的胜利"。她友好地走向史末资,对他说,如果她没有达到和甘地一样的道德高标准,那么请他原谅。"你赢得了一个空洞的胜利,"据说史末资这样对她说,"这个投票结果会让我在下次选举中下台,但你们将一无所获。"[35]

印度代表团兴高采烈,贺电纷至沓来。尼赫鲁热情地表示,联合国大会"不仅维护了印度的荣誉,也显示了自己是人权捍卫者。这个结果表明世界对联合国组织的未来和人类文明充满了希望"。私下里,他也欢迎这样一个事实,即这一胜利表明印度人不仅仅是"英国人的追随者";印度临时政府也由此改变了世界对印度的看法。现在，凭借独立的外交政策，印度可以理所当然地宣称自己是亚洲领导者，并在殖民大国和那些为自由而奋斗的亚洲人——缅甸、法属印度支那和印度尼西亚——之间进行调解。与被美国占领的日本和屈从于美国的中华民国有别，尼赫鲁深思熟虑后认为，在美苏对峙中采取中立态度，会突显印度的新地位。（而且它还有一个附带的好处，那就是转移人们对席卷印度的暴力事件的注意力。）[36]

史末资的反应则截然不同。他也看到了一个亚洲权力体系的出现，但对他来说，这意味着欧洲文明的统治地位即将结束，并证实了自"二战"结束以来一直支配着他的严峻感：洞见到大国关系已陷入僵局，他感觉自己被困在了一个"转型"时代。1945 年 11 月，他给一位朋友写道，荷兰人在爪哇，"英国人在印度"，"陷入了可怕的困境"，"尽管他们做了伟大的工作，但二者都有可能被踢出局……这让我想起了不列颠人在赶走罗马人后又恢复到原始野蛮状态的经历。当然，人们宁愿自己治理得不好，也不愿被别人治理得好"。同年 12 月，在写给印度总督韦维尔的信中，他预感到，印度"走自己的道路"的决心可能会摧毁英帝国"整个庞大的体系"；印度分裂出去可能导致英帝国解体，并使次大陆退回"到英国殖民统治……第一次统一次大陆之前的状态。事实上，整个亚洲似乎都在摆脱其欧洲向导的指引，有可能在黑暗中误入危险的道路。此外，还有东西方问题及其对人类未来可能具有的所有意味"。简言之，史末资认为，去殖民化破坏了曾是统一全球的文明力量的欧洲文明，给人类带来了新的危险：分裂、野蛮，也许还有种族战争——尽管史末资很少宣之于口。[37]

正是这样一些想法支撑了他在南非印度人问题上的态度。史末资认为，"欧洲人尽管有种种缺点，却向非洲传递了一种信息，而印度却没有"。1946年夏天，他已预料到自己在纽约会受到冷遇，但似乎没料到会遭到全盘否定。同年9月，巴黎举行和平会议时，他把希望寄托在成千上万想离开旧大陆前往南非的欧洲人身上，这些人大部分是难民。尽管阿非利卡人会抱怨，但"如果我们想要更多的白人来增加我们为数不多的人口，这是个机会"。根据这个推理，大量欧洲人的涌入是放松国内种族隔离限制唯一可能的途径。得知印度将把针对南非的提案提交给联合国时，他认为这是尼赫鲁想转移人民对国内的麻烦的注意力，并预计自己可以像半个世纪前那样，再次联合各方力量反对甘地。到9月底，他意识到，纽约即将迎来"恶劣气候"。[38]

一到那里，他就开始思考反对意味着什么。"南非，"他写道，"是黑暗大陆上欧洲文明的一部小小的史诗。"正是这一"高尚的实验"受到了印度及其"数以百万计的人"的威胁，他们侵扰这个国家，"以各种迂回的方式渗透进来，扭转了我们曾经认为是我们命运的角色"。在他看来，赌注不能再高了。"在这个历史时刻，东方和西方相遇，而老实说，我是一个西方人，尽管我热爱和尊重整个人类大家庭，不论肤色和种族。如果印度控制了南非东部，我们所主张的东西将会在世界上消失。"简言之，这是一场文明与野蛮之间的全球战争，而南非站在了第一线。对于史末资来说，这是一种苦涩的讽刺：他在那里试图避免大屠杀和种族仇恨，却被一个政府指控为种族主义者，而这个政府所领导的国家当时正深陷南非从未见过的种族暴力之苦。印度发生的事件难道不正是其实施种族隔离政策的证据吗？然而，他似乎是唯一能以这种方式看待这个问题的人。甚至连他钟爱的英联邦也被视为一个"纯粹剥削其他低等民族"的体系而在联合国遭到抨击。他自己在联合国的使命是"失败的"。他在印度手中遭遇的失败，激起了人们的愤怒，让南非人"感到茫然和惊讶"。人们"揭露他是一个伪君子和两面三刀的趋炎附势者"，甚至连南非土著人也被"所有这些关于平等和非歧视的言论"激怒了——他从自己的仆人和农场工人那里知道了这一点。他唯一的安慰（但并非如此）是，他以宏大的历史眼光看待一切：欧洲势力正被赶出亚洲和远东。"历史进程正在发生一些巨大的变化"，而欧洲自身被战争击垮了。"世界在白人和有色人种的两极之间摇摆"；"今天，它处于自罗马帝国灭亡以来从未有过的不稳定和危险境地"。在他看来，联合国不仅不能引导世界走出困境，本身似乎也已经成为问题的一部分。[39]

* * *

第二年，联合国大会对同一问题的审议并没有给他带来多少安慰。南非的表现和以往一样糟糕，情况陈述和各国接受程度都很差。史末资本人也被指责在国内发表了贬低联合国的言论，破坏了他自己提出的战后国际人权承诺。史末资可能帮助起草了《联合国宪章》，波兰代表断言，"但［他领导的政府的］政策与［宪章的］崇高理想直接抵触"。至于史末资援引的国内管辖权条款，"波兰人民拒绝这种法西斯主义思想，它让我们立刻想起了德国的'优等民族'思想。种族歧视会导致扩张主义和战争"。西欧代表更赞成由国际法庭决定该问题的可受理性。但大多数代表再次认为法律问题是次要的：如果联合国允许一个明确的、国家许可的种族歧视案例存在，联合国的威望将受到损害。正如代表南斯拉夫的一位前游击队员所言："希特勒主义者的心态与联合国某个成员国当局的甚至议会的心态之间，有着惊人的相似之处。"就连那些对史末资颇有好感的代表也纷纷批评他的政府，为数还不少。[40] 至于美国，它很不自在地骑墙观望，大谈制定国际权利法案的必要性，支持法律主义的选择，并建议召开一次会议讨论这个问题。

与前一年一样，联合国大会上抢尽风头的还是印度代表，机智而雄辩的潘迪特。她指出，印度和南非之间没有进行谈判，因此未能就前一年的决议采取行动。她还警告说，南非的立场具有全球影响："我们这些相信一个新世界秩序的人，不得不忧心忡忡地看待种族间日益不和谐的危险，因为那里埋下了冲突和最终灾难的祸端。"问题在于，南非宣称种族隔离是"实现种族和谐的最佳途径"。因此，要讨论的不是少数民族及其权利，而是"欧洲社会的傲慢和种族优越感"。南非人却声称南非的政策与种族优越感无关，而只是发展差异，这听起来很扯。这一次，印度未能获得必要的三分之二多数。但代表们并未气馁，在十多年的时间里每年都会在联合国大会上提出讨论南非问题。德里取得了道义上的胜利。[41]

* * *

联合国大会上出现了一种全新的世界秩序概念——以帝国的解体而不是延续为前提，以政治而不是法律为前提——这并非凭空想象。事实证明，联合国大会本身的发展比《联合国宪章》起草者所预期的更加难以预料。而且在一段时间内，它也更加强大。因为随着冷战的出现，安理会日益陷入瘫痪，相关事务就转移到了联合国大会进行讨论。联合国大会对西班牙佛朗哥政权和巴勒斯坦分治问题的辩论，对托管争端的裁决，都要比国联的更有强制力。尤其是，它旗帜鲜明地支持马格里布和非洲的去殖民化斗争。到 1948 年 9 月，英国外交大臣欧内斯特·贝文不得不在巴黎召开的第三届联合国大会上强烈谴责"被误导的和错误的想法，即拥有殖民地本身就是不道德的"。[42] 每一次去殖民化行动都扩大了联合国大会的规模，稀释了欧洲的声量。随着 1960 年十六个新国家获得独立并纷纷加入联合国，亚非集团获得了 99 票中的 46 票。结果是，1946 年在联合国享有最少代表权的大陆，在不到二十年后，却成为联合国成员国数量最多的大陆。[43]

但是这个新的、反殖民的联合国大会发展得越快，它所能做的就越少。史末资下台后，一个新的强硬的民族主义政府开始在南非建立一个种族隔离国家。印度人的确从未遭到大规模驱逐，但根据 1950 年《族群住区法》的界定，他们在南亚拥有"民族家园"，投票权被剥夺，1955 年，开普的普通选民名册将印度人除名。印度和巴基斯坦经常联合起来向联合国投诉，联合国大会也经常投票反对南非，但这些都没有起到任何效果。1961 年，民族主义者推动南非退出英联邦，破坏了英联邦内部最后的团结。甚至联合国内部也出现了分裂，安理会成员国，尤其是美国和英国对种族隔离政权的容忍，削弱了联合国大会给南非施加的压力。1960 年沙佩维尔惨案发生后，安理会首次讨论那里的局势，在要求南非政府放弃种族隔离政策的投票中，英国和法国投了弃权票。

南非政府想通过警告西方当前世界面临严峻的种族均势问题，来获得他们对自己的支持。南非代表告诉安理会，在十年的时间里，世界上将有 37 个西方白人国家、50 个非亚国家和 12 个共产主义国家。"不仅南非，每一个西方国家都面临这一问题：到 1970 年，自己在世界上将处于何种地位？"有趣的是，这种语言的表现力相当贫乏。因为与 1920 年代的恐惧气氛相比，1960 年代的世界对全球种族战争或东西方冲突的前景都漠不关心。经验已经告诉了人们一个敏锐的观察家一直都知道的事实："亚洲"是宣传者通过想象力虚构的产物，其内部分裂程度不亚于欧洲。就"西方"而言，它针对的不是以种族来定义的东方，而是作为意识形态敌人的东方。全球冷战的断层线是纵贯（through）而非横贯（across）各大洲。双方都非常重视他们在联合国的参与，都不愿意退出。[44]

尼赫鲁的亚洲主义因此被证明是一条死胡同。印度对印度支那和印度尼西亚独立斗争的支持是真实的。但亚洲主义在它的印度化身那里的高潮可能是1947年3月的亚洲关系会议。在会议上，尼赫鲁欢呼"亚洲文明"的中心地位，并期待着英国人的撤离，因为（他认为）英国切断了印度与亚洲其他地区的联系，而实际上，这是一座"至关重要的桥梁"。不过，他邀请与会代表建设的"新亚洲"却从未实现过。尼赫鲁声称要向世界展示亚洲。1950年代，他在越南和中国受到的热烈欢迎表明，这一声明在印度的一些邻国中反响很好。但1955年的万隆会议表明，事实上，亚洲因冷战而严重分裂，尼赫鲁希望摆脱紧张局势的愿望是不可能实现的。1962年印度与中国的冲突标志着"亚洲价值观"这个古老话题的终结——也许只是暂时的。正如他在1955年所说的，"把［亚洲］说成一个整体是在迷惑我们自己"，而"把欧洲、亚洲和美洲说成独立的实体，至少对未来来说也是一种误导"。[45]

然而，印度的联合国战略为其他国家开辟了一条道路，因为联合国大会已经证明自己是一个宣传性论坛，如果没有更多职能的话。而宣传也可以起作用（正如伍德罗·威尔逊和齐默恩等国际思想的信徒一直宣称的）。尽管联合国是由大国建立的，但第三世界的民族主义者可以通过在表面上接受其普世主义修辞，然后利用其机制，促使国际公众舆论继续反对殖民统治。反殖民主义的理由暴露了联合国最薄弱的部分，非欧洲民族可以最有效地进行利用。当印度击败葡萄牙且并吞果阿（理由是，作为殖民国家，葡萄牙对该地区不具备真正的主权）之后，联合国大会批准了印度的吞并行为，这表明国际主义相比帝国鼎盛时期进步了多少：20世纪初，决定和承认主权的一直是殖民强国；现在，作为殖民强国，他们却使这些主张受到了怀疑。然而，在这个过程中，西方关于主权和国家地位的规范已经普遍化。战后政治学家所分析的那种由国家组成的真正的"国际社会"第一次形成了。[46] 亚洲国家获得独立并加入联合国，非洲国家也是如此。即使冷战也未能阻止联合国的发展。似乎史末资概述过的那种想法——一个尊重主权同时承认大国首要地位的国家联合体——

仍然有效。但这并不是他所设想的联合体，无论是在对待种族的态度上，还是就缺乏道德或精神上的统一而言。实际上，联合国的成员国资格向全球开放的代价是高昂的——过度顺从成员国的主权，无法实现联合国自己所宣称的理想，安理会和联合国大会之间明显且日益扩大的鸿沟——简言之，联合国在全球各大事件中的作用被越来越边缘化。从前的殖民地一旦独立，就竭力将联合国排除在他们的事务之外，如同他们之前竭力拉着联合国介入他们帝国主义宗主国的事务。集体安全曾经是建立国际组织的主要动机，而现在它被交托给了以两个超级大国为中心的区域性条约和国家集团。冷战为联合国的无能提供了借口，但当冷战结束，聚光灯再次对准联合国时，旧理想的复苏很快暴露了它们的本来面目——梦想着回到从未存在过的过去，对未来可能发生的事情进行微不足道的指导。

结语

主权大获全胜的时代，联合国往何处去？

认真研究国际事务的人需要注意的一点是，联合国并不代表与过去的决裂，而是代表着沿用古老的思想和方法，并根据过去的经验进行一些必要的改变。如果能认识到这个简单的事实，那么他们在评价过去的努力时可能会更明智，在评价现在的努力时可能会更宽容。

——L. 古德里奇《从国联到联合国》

（《国际组织》第 1 卷第 1 期，1947 年 2 月）

即使联合国愿意，它是否能够回归其创始者的理想？只有忽视世界自他们的时代以来发生的重要改变，以及这些理想本身的模糊性甚至是自相矛盾，才能回归。那么，到底又是哪些创始者呢？愤世嫉俗的批评者强调了 1944 年美国、英国和苏联的决策者在敦巴顿橡树园进行的会谈，以支持他们的观点，即联合国不过是大国的工具。另一方面，乐观主义者则强调《联合国宪章》及其序言中雄心勃勃的道德语言。正如我们所看到的，虽然一些联合国的鼓动者和设计者试图保留欧洲的殖民统治，但也有人预见到了它的消亡。简言之，与其说联合国创始者的希望在冷战期间受到了阻挠，不如说那些模棱两可、常常相互矛盾的希望并非我们想象的那样，在塑造联合国方面具有决定性作用。因此，对于联合国经常未能实现成立宣言中所设定的目标，我们不应该感到失望；相反，我们应该好奇的是，尽管联合国是作为本书概述过的历史和政治力量的产物发挥作用，但在面对新的和不可预见的情况时，它是如何成功超越这些力量并重新定义自己。毫无疑问，随着时间的推移，它的灵活性和重塑能力跟它的缺点一样引人注目。

* * *

早在联合国出现，甚至在《联合国宪章》起草
之前，有各种各样的思路，围绕着如何通过国际合
作，让建立某种世界机构这一想法变得有价值。保
护和促进人权的愿望是其中一个方面，但肯定不是
最重要的。更重要的是，我所称的 20 世纪早期的"帝
国国际主义"试图在维护英帝国利益与保留其教化
使命之间进行调和。通过重新定义各组成部分之间
的宪制联系，将有助于维系一个衰落的帝国，并提
供一种新的方式，让其在全球范围内展示其自我定
义的道德追求。最重要的是，它可能调和英帝国与
移民殖民地出现的民族主义，防止帝国瓦解的危险，
并巩固帝国的防御，以应对未来的威胁。

因此，从白厅的实用主义角度来看，国联是一个
帝国计划，它似乎可以同时实现以下目标：巩固与
美国的关系，支持东欧对抗布尔什维克，并将英国的
欧洲承诺与帝国承诺联系起来。然而，国联本身仅仅
是世界共同体理念的一个可能的化身，而且事实上，
它的模式（对于许多"二战"期间的英国评论员来说）
不如它所源自的英联邦概念那样具有说服力。根据

宣传者的说法，英联邦之所以呈现出比国联更具凝聚力和更为有机统一的特征，正是因为成员间的团结互赖，以及背后更加悠久的帝国历史。有人同意这种看法。1920年代，日本殖民理论家矢内原忠雄写道，"英帝国可以被视为国联内部的国联"，"一种比国联更坚固的国家统一体。每个自治领都有作为一个国家的自治权，英帝国不应该对其中任何一个自治领进行殖民统治"。这基本上是史末资和齐默恩的构想，同时也是他们心目中的世界组织的模式。[1]

然而，联合体理念中的种族限制，也是对他们正在形成的全球共同体概念的限制。因为联合体理念认为，在可预见的将来，任何给予非洲和亚洲人民独立的行为都是不负责任的，并可能导致混乱。民族自决基本上是欧洲人的事。伊拉克是两次世界大战之间唯一获得独立的国联委任统治地。具有讽刺意味的是，伊拉克之所以能够独立，是因为白厅认为，伊拉克名义上的独立比起维持代价高昂的委任统治更符合英帝国的利益。总体上，英国人显然认为，民族自决不适合每一个民族。1943年，英国殖民地办公室的一位文官担心，战争的结束可能会使殖民地纷纷独立，从而导致"小型主权国家大量增加……

没有魔法官
214

这个想法是灾难性的"。他继续说道,"有一点是肯定的,那就是我们现在正遭受着太多的独立和太少的互赖带来的痛苦"。[2]

欧洲危机不仅给了联合体理念致命一击,还更加突显了国联的缺陷,后者无力阻止《凡尔赛协议》使其破产,并结束了欧洲——尤其是英国——对世界事务的控制。这场战争似乎以最生动、最血腥的方式提醒人们,各地人民和各民族只有通过建立自己的国家,而不是通过少数民族权利,才能获得保护和国际承认。这加速了欧洲殖民帝国的瓦解。纳粹主义也侵蚀了欧洲国际律师在前一个世纪制定的法律规范中表达的共同文明理念。(此后,这一理念将成为发展新的、排他性的欧洲政府间组织和公约的基础。)从许多方面来看,"二战"打击了国际律师能够有效裁决国家间争端的信心,标志着国际律师这一职业的影响力跌至谷底。

1945年的旧金山会议使得国联开始重生,只是现在经过修改和调整——得益于三巨头在敦巴顿橡树园的会谈——以适应大国政治新格局的既成现实。同国联一样,联合国不仅仅是一个联盟,更是一个具有全球抱负的国际组织;同国联一样,它为人道主义发声，但需要通过各国政府才能采取行动；同国联一样，它也谈论国际法，但有意避免将修辞转化为实质。但联合国对民族自决的承诺和对法律的背离，都要来得更广泛。因此，从一开始，联合国组织本身就存在内在的紧张和含糊。它在权利方面的承诺比国联要多，但实际行动要更少。它赋予了安理会常任理事国更多的权力，但也向更多的新独立国家敞开了大门。结果是，联合国兼具软弱性和灵活性，使这个新的世界机构能够一次次蜕变，以应对国际时局不断变化的气候。

国联曾是帝国的工具，它提供了一种基本上是帝国主义的世界治理概念，由强国成熟的治国方略来提供领导，同时新来者一旦被认为是"文明的"，就会被吸纳进来。思考问题的基础是一种合乎规范的团结意识，以及一种溢于言表的全球等级意识。史末资等人经常被全球种族战争——他们常常以一套奇怪的词汇谈论白人对黑人、棕色人种或黄色人种的战争——以及诸如泛非洲主义、泛亚洲主义和泛伊斯兰主义等反西方运动带来的恐惧所困扰。1945年之后，这些恐惧基本上消失了，而这是有原因的。联合国比国联更担忧少数民族的境况，但也更欢迎民族主义，考虑到许多构成其原始成员的小国属于法西斯主义的主要受害者。无论是欧洲内部还是外部，人们都认为，分治而不是少数民族权利保护才是通向国际和平的新途径。不存在普遍适用的"文明标准"，也不能干涉新独立国家的事务。这种承认殖民地世界独立运动的意愿，反映的并非大国对其现代化理论和发展技术所具备的文明潜力的信心，而是战后欧洲崩溃的现实以及美国的冷战需要，即削弱共产主义在全球的吸引力，并为反殖民主义提供另一种领导方式。早在1946年，史末资就惊讶于联合国大会竟然无视《联合国宪章》，置国内管辖权条款不顾，严厉谴责南非的种族政策。但他本应该做好准备：一个像联合国这样的世界性机构，左右它的不是正式的法律，而是对道德和世界良知的呼吁。所以，它必然会受到价值观和规范改变的影响，并且通常更愿意改写自己的规则。

当然，一个反帝国主义的联合国的崛起不是一蹴而就的。相反，尽管1946年印度在联合国取得了胜利，但联合国的许多主要支持者最初的感觉是，联合国可能仍要服务于旧有的目的。在1948年1月的讲话中，英国首相欧内斯特·贝文认为，《联合国宪章》

的规定让西欧能够利用非洲殖民地的资源实现复苏。正如他在提到苏联的否决权时所说的，如果能够绕过"这种不断出现的意识形态问题"，联合国应该仍然能够不负众望地发挥大国协调机制的作用，就像对付纳粹时那样。当大国能够在诸如以色列或意大利前非洲殖民地等问题上达成协议时，联合国就能够果断采取行动。但在大多数情况下，事实证明这是不可能的。冷战的开始使安理会陷入瘫痪，由于三大国达成协议几乎不可能实现，安理会和联合国在战争与和平这一更大问题上注定无能为力。相反，为了提供集体安全，像北约这样的区域性组织兴起；或者为了捍卫人权，欧洲理事会这样的组织开始发挥作用。到1940年代末，留给联合国发挥的作用有两个，一是发展出诸多服务于全球经济和社会转型的技术机构，一是在联合国大会上建立世界的后殖民秩序。[3]

联合国大会成员国热衷于维护自己的政治角色。1950年，这种情况一度引起了华盛顿新的兴趣。像乔治·凯南等现实主义者可能会对"整个的世界和平理念"嗤之以鼻，杜鲁门总统可能会像1947年那样质疑联合国保护美国安全的能力，然而正是在美国的鼓励下，联合国大会比安理会开会的次数要频繁得多，在讨论解决诸如托管和殖民地人民的普遍困境等问题上起了带头作用。华盛顿弄出了一项名为《联合一致共策和平》的决议，几年后，它为秘书长达格·哈马舍尔德提升联合国在公众中的形象，以及在苏伊士运河危机后开展联合国活动的新领域——维和行动——提供了授权。组建联合国军事人员的计划可能已经流产，通过联合国将核武器置于国际控制下的努力可能也已经失败，但在维和这个更为谦抑的国际生活领域里，这个世界组织很快就证明了自己的功用。[4]

然而，政治化的联合国大会并不是实现美国目标的可靠工具。多数表决制赋予了小国和大国同等的权力，结果对于华盛顿来说经常是无法预测的，这让华盛顿感到不安。很快，史末资的不安也随之而来。齐默恩昔日的学生、美国国务卿迪安·腊斯克在朝鲜战争时是联合国的狂热支持者，但到了越南战争时，他因联合国的无能而对其失去了信心。在他之后，没有一个有影响力的美国外交官认真地相信在推动美国外交政策目标实现方面，联合国可以发挥核心作用。以色列占领约旦河西岸后，美国对以色列的坚定支持，也加深了华盛顿与联合国大会主流情绪之间已然存在的裂痕，后者越来越赞同这样的观点：巴勒斯坦争取民族自决的斗争本身就是反对欧洲殖民主义斗争的一个阶段。在里根时代，联合国被谴责为"反美"，美国常驻联合国代表警告，不要无条件遵守《联合国宪章》关于禁止使用武力的规定。[5]

事实上，联合国从来都不是进行意识形态斗争的可靠工具。它宽松的加入标准旨在鼓励成员国的广泛性，正是为了避免在这个世界机构之外产生其他国际派别和敌对联盟。因此，联合国故意将其成员国资格的唯一标准确定为一个外部标准，即一个国家"热爱和平"的本性。最终，佛朗哥统治下的西班牙被接纳为成员国（此前在阿根廷问题上也有类似的争论），实行种族隔离制度的南非也从未被驱逐。这可能削弱了联合国塑造全球道德或政治规范的能力，但也使得联合国可以延续下去，以适应国际政治的急剧变化，并为敌对双方提供会晤和对话的机会。1955 年，联合国成员国数量大规模增加，表明这是铁幕两边的共同愿望。[6]

去殖民化进程加剧了联合国的这种异质性，并因而产生了第三个联合国。随着冷战的开始，美国成为占主导地位的全球大国，并转变成某种拥有广泛分布的基地和众多附属国的新型帝国，联合国这个世界机构也在发生变化。随着 1955—1965 年间成员国的大量增加，联合国大会也从昔日殖民现状的批评者转变为新的全球民族国家秩序的维护者。这是联合国身份的又一次颇出人意料的变化，并再次导致联合国所拥有的权力与其外观之间的不匹配。联合国现在比以往任何时候为世界人民说的话都要多，但在某些方面，它实际能做的比以往任何时候都要少。学者们谈到了一个由国家组成的真正的"国际社会"的出现。但今天，就像大国在漫长的 19 世纪所做的一样，就连联合国最小的成员国，都在充满戒备地捍卫自己的主权，并为潜在的人道主义干涉设置了系统性的障碍。早在 1961 年，一位美国政治学家就指出："如今，联合国表现出来的民族主义多于国际主义。"[7]

因此出现了目前的僵局。联合国的基本论调是呼吁道德高于国家理性，而在成功地受到迷惑之后，联合国的支持者和批评者都在谈论联合国道德目标可悲的丧失，并试图恢复它或在其他地方发现它。但双方都错误地把修辞当成了现实，误解了联合国的过往，更重要的是，误解了联合国的未来。联合国现有会员国的共同点在于，它们基本上都接受了有关国家间承认和相互交往的外交规范与法律规范。它们从中发现了太多的益处而不愿放弃——只有一个成员国曾自愿退出联合国（1965 年的印度尼西亚），且只持续了不到一年。齐默恩和其他理论家所主张的、必然会约束共同文明成员的道德共同体概念，则已经不复存在。国际舆论的力量是真实的，虽然往往是模糊的或支离破碎的。但在抵制自己的内政受到国际干预方面，联合国成员国的决心即使不比以往任何时候都更强烈，至少也是同样强烈。事实上，在"一战"前夕，世界被认为面临着按照法律主义还是道德主义来建立国际组织的选择，而在一个世纪之后，它们都被主权国家在全球的胜利所击败。

然而，尽管对主权的认同在联合国越来越稳固，但在过去四十年里，大量资金流动、移民、武器交易和温室气体排放等全球化进程都在嘲弄着主权独立的理念。近年来，新人道主义主张的出现又构成了对主权的另一种挑战，它呼吁联合国果断干预其成员国内部事务以捍卫所谓的"保护的责任"，它的支持者认为，为了维护《防止及惩治灭绝种族罪公约》，或者更广泛地说，为了防止各国大规模侵犯人权却逃避惩罚，干预是必要的。但是，历史政治（politics of history）不能像新人道主义者所希望的那样轻易地被忽视或抛弃。人道主义喜欢从纯粹的美德角度看待自己，主张各国情同手足而采取反政治的姿态。但通常也正是那些曾经作为帝国主义列强以自由为名在全球范围内进行干预的国家，如今却带头指控许多不稳定的新兴国家的主权侵犯人权行为和"有组织的虚伪"。西方国家忘记了自己的殖民历史，他们在自己的自由主义中只看到了普遍愿望的善意一面。然而，他们所针对的一般都是那些刚刚从殖民帝国的废墟中站起来的国家，因此，用我们这个时代动听的人道主义语言对所谓"失败国家"进行批评，就像史末资那一代人身上所体现出来的古老文明的傲慢，听起来令人很不舒服。事实上，困扰着国联少数民族权利保护制度的老问题并没有消失。谁来决定何时干预，保护权的适用范围是什么？它真的会普及吗？它是否会延伸到非洲以外，例如加沙地带、哥伦比亚或印度东北部？尽管由主权国家组成的世界可能会导致政治领导人对自己的人民犯下罪行，但干预是一种政治和军事行为，也有许多潜在的弊端。在阿富汗发生的一切就是明证。

我们很容易说联合国是失败的。它的最初化身
（incarnation）——帮助自由主义帝国在全世界传播
价值观，并随之传播文明——失败了，因为这无法
抵制希特勒灭亡后帝国的崩溃。（与联合国起源联系
如此紧密的联合体构想表现得更加糟糕，这并非巧
合；这个构想的历史是一个"不断解体"的历史。）[8]
它的第二化身——保卫世界和平的大国联盟——失
败了，因为这是以维持战时美、英、苏三国同盟关
系的延续为前提的。大国团结的削弱意味着，联合
国只能在消极意义上发挥大国理事会的作用：对于
某个大国主动发起的事项，如果其他大国反对，那
么它就不能形成决议，但它可以防止违背大国意愿
的事情发生。其结果是，联合国对欧洲乃至其他地
区安全的影响微乎其微。

然而，更引人注目的是（尽管更少得到评论），
在其他许多方面受惠于国联的联合国与它的前身不
同，并没有受到这些失败的束缚。国联同欧洲的和
平解决方案紧密相连，最终随着纳粹的崛起而消亡。
而捍卫1945年后欧洲和平解决方案的责任不应推到
联合国头上，因为从根本上讲，德国的分裂才是欧洲

和平的基础。可能正是因为处于边缘的位置，联合国才得以继续存在，就像宪章表述的模糊性和组织内部的能动性（activism）让联合国更灵活变通。事实上，联合国存在的时间已是国联的三倍多。它以维和组织的身份——这是《联合国宪章》没有预见到的功能——并通过大幅扩张从国联那里继承过来的技术性机构，将自己嵌入国际生活。尽管这些机构本身很难使联合国重新成为国际体系的中心，但它们现在构成了现代全球政治生态的重要组成部分。因此，对于最近有说法称大规模改革将推动联合国在国际事务中的角色发生彻底转变，我们需要谨慎看待。要求改革联合国的理由可能有很多，也很好。但呼吁联合国在国际法、人权执行或民主价值观等方面发动一场革命的声音，很可能注定要失败，而如果说"9·11"事件后联合国在协调严厉的反恐立法方面发挥的作用称得上是领导的话，这可能是最好的结果。联合国的过去显然不是它的命运，联合国的起源并不一定决定它的未来。但如果不了解它产生的背景，我们很可能只是继续重复过去的争论，而不是成功地超越它们。

致谢

　　我非常感谢吉安·普拉卡什（Gyan Prakash）、普林斯顿戴维斯历史研究中心和历史系邀请我做2007年的劳伦斯·斯通讲座，本书的大部分内容都基于此。同时，我也非常感谢他们的盛情款待。劳伦斯·斯通在普林斯顿大学的最后几年，我有幸认识了他，很荣幸能在此向他表达我的小小敬意。我要感谢普林斯顿大学出版社对讲座和本书出版的支持，尤其要感谢布丽吉塔·范莱茵伯格（Brigitta van Rheinberg），她对本书数稿进行了认真阅读并提出了许多有见地的建议。本书第二章最初是在2008年哥伦比亚大学萨科普洛斯讲座上发表的，感谢基里亚科斯·萨科普洛斯（Kyriakos Tsakopoulos）邀请我做这个讲座。我还应该感谢以下人员对我思考这些问题提供的帮助，他们是塞米尔·艾丁（Cemil Aydin）、邓肯·贝尔（Duncan Bell）、曼努·巴加万（Manu Bhagavan）、艾伦·布林克利（Alan Brinkley）、帕塔·查特吉（Partha Chatterjee）、索尔·杜波（Saul Dubow）、马尔瓦·埃尔沙克利（Marwa Elshakry）、谢尔顿·加龙（Sheldon Garon）、尼古拉斯·吉尔霍特（Nicolas Guilhot）、彼得·曼德勒（Peter Mandler）、斯科特·莫耶斯（Scott Moyers）、塞缪尔·莫恩（Samuel Moyn）、菲尔·诺德（Phil Nord）、苏珊·佩德森（Susan Pedersen）、德里克·彭斯勒（Derek Penslar）、卡内·罗斯（Carne Ross）、米拉·西格伯格（Mira Siegelberg）、安德斯·斯蒂芬森（Anders Stephanson）、海伦·蒂利（Helen Tilly）和斯蒂芬·韦特海姆（Stephen Wertheim）。最后需要说明的是，我曾在哥伦比亚大学和国际史中心研讨班上同我的学生们探讨过这些问题，在某种程度上他们对我的帮助最大。

注释

前言　没有魔法宫：被重重误解包裹的联合国

1　B. Boutros-Ghali, "Empowering the United Nations," *Foreign Affairs*
　　71:6 (winter 1992–93): 89–102; cf. B. Russett and J. S. Sutterlin,
　　"The UN in a New World Order," *Foreign Affairs* 70:2 (spring 1991):
　　69–83; "An Agenda for Peace: Preventive Diplomacy, Peace-making,
　　and Peace-keeping," Report of the Secretary-General Pursuant to the
　　Statement Adopted by the Summit Meeting of the Security Council on
　　31 January 1992, UN document A/47/277 - S/24111, 17 June 1992.

2　对整个联合国改革辩论进行深刻的批判性分析，参见 Hans-Martin
　　Jaeger, "UN Reform, Biopolitics, and Global Governmentality," 未发
　　表论文。感谢耶格教授允许我阅读该文。

3　关于其中一个出发点，参阅 G. John Ikenberry and AnneMarie
　　Slaughter, *Forging a World of Liberty under the Law: U.S. National
　　Security in the 21st Century, Final Report of the Princeton Project on
　　National Security* (Princeton, 2006)，其中包括一份"民主国家联盟宪
　　章"草案。关于民主和平论的文献始于迈克尔·道尔，参见 Michael
　　Doyle, "Kant, Liberal Legacies, and Foreign Affairs," *Philosophy
　　and Public Affairs* 12:3 (summer 1983): 205–235、12:4 (October

1983): 325–353。也可参见 Doyle, "Three Pillars of the Liberal Peace," *American Political Science Review* 99:3 (August 2005): 463–466。

4　Michael J. Glennon, "Why the Security Council Failed," *Foreign Affairs* 82:3 (May/June 2003); A. Grigorescu, "Mapping the UN-League of Nations Analogy: Are There Still Lessons to Be Learned from the League?" *Global Governance* 11 (2005): 25–42.

5　请参阅 Akira Iriye, *Global Community: The Role of International Organizations in the Making of the Modern World* (California, 2002)。有关国际主义概念的历史化的简要——如果不是部分的话——说明，请参阅 P. Anderson, "Internationalism: A Breviary," *New Left Review* 14 (Mar.–Apr. 2002)。

6　有两个明显的例外，分别是 R. Hilderbrand, *Dumbarton Oaks: The Origins of the United Nations and the Search for Postwar Security* (Chapel Hill, 1990)，以及 B. Urquhart, *Ralph Bunche: An American Life* (New York, 1993)。阿姆里斯和斯拉格的研究预示着新一波的历史兴趣，参见 S. Amrith and G. Sluga, "New Histories of the United Nations," *Journal of World History* 19:3 (Sept. 2008): 251–274 以及该卷的后续文章。

7　J. Winter, *Dreams of Peace and Freedom: Utopian Moments in the 20th Century* (New Haven, 2006), 1. 这方面的作品有 S. Schlesinger, *Act of Creation: The Founding of the United Nations* (New York, 2003)；M. A. Glendon, *A World Made New: Eleanor Roosevelt and the Universal Declaration of Human Rights* (New York, 2001)；E. Borgwardt, *A New Deal for the World: America's Vision for Human Rights* (Cambridge, MA, 2005)；Paul Kennedy, *The Parliament of Man: The Past, Present, and Future of the United Nations* (New York, 2006)；Samantha Power, *A Problem from Hell: America and the Age of Genocide* (New York, 2002)；J. Cooper, *Raphael Lemkin and the Struggle for the Genocide Convention* (London, 2008)。联合国思想史项目已经出版了九卷，质量参差不齐，也许最好的是以下几部：J. Toye and R. Toye, eds., *The UN and Global Political Economy: Trade, Finance, and Development* (Indiana, 2004)；and R. Normand and S. Zaidi, eds., *Human Rights at the UN: The Political History of Universal Justice* (Indiana, 2008)。

8　P. A. Reynolds and E. J. Hughes, eds., *The Historian as Diplomat:*

Charles Kingsley Webster and the United Nations, 1939–1946 (London, 1976), 69–71; K. Sellars, *The Rise and Rise of Human Rights* (Stroud, Gloucestershire, UK, 2002), 8–10.

9 Samuel Moyn, "On the Genealogy of Morals," *The Nation* (16 April 2007); A. Brian Simpson, *Human Rights and the End of Empire: Britain and the Genesis of the European Convention* (Oxford, 2001); M. Mazower, "The Strange Triumph of Human Rights: 1933– 1950," *Historical Journal* 47:2 (2004): 379–398. 2008 年，在柏林社会科学研究中心（Social Science Research Center）举行的一次会议的主题便是 20 世纪人权运动史。可在以下网址下载报告：http://hsozkult. geschichte.hu-berlin.de/tagungsberichte/id=2208&count=122&recno=8 &sort=datum& order=down&geschichte=79.

10 关于该领域内最近的尖锐批评，请参阅 R. N. LeBow, *A Cultural Theory of International Relations* (Cambridge, 2008), 该书针对这些不足进行了尖锐的分析，然后基于最初由古希腊人提出的永恒文化和心理价值观，提出了另一种非常特殊的替代框架。该理论似乎远不如批评有用：国际关系领域之外的人可能会觉得，它表明了真正的问题是首先在这个领域寻找"各种理论"。对于那些希望探索仍未得到充分研究的 1945 年后美国社会科学史的人来说，这部著作 [P. Mirowski, *Machine Dreams: Economics Becomes a Cyborg Science* (Cambridge, 2002)] 是必读的。也可参阅 D. Green and J. Shapiro, *Pathologies of Rational Choice Theory: A Critique of Applications in Political Science* (New Haven, CT, 1994)。

11 N. Guilhot, "The Realist Gambit: Postwar American Political Science and the Birth of IR Theory," *International Political Sociology* 2:4 (Dec. 2008): 281–304; Kennan's comments in G. Kennan, Memoirs, 1925– 1950 (New York, 1967), 229–232; also J. G. Ruggie, *Constructing the World Polity: Essays on International Institutionalization* (London, 1998), 212–213; 请参阅 Perry Anderson, "Our Man"（这是对以下两部作品的综述：James Traub, *The Best of Intentions: Kofi Annan and the UN in the Era of American World Power*，以及 S. Meisler, *Kofi Annan: A Man of Peace in a World of War*)，*London Review of Books* (10 May 2007)。有关分析问题的深刻评论，请参阅 J. G. Ruggie, *Constructing the World Polity: Essays on International*

Institutionalization (London, 1998)；P. Wilson, "The Twenty Years' Crisis and the Category of 'Idealism' in International Relations," in *Thinkers of the Twenty Years' Crisis: Interwar Idealism Revisited*, ed. Long and Wilson (Oxford, 1995), 1–25. 当然，人们不希望忽视战后初期几十年间伊尼斯·克劳德（Inis Claude）等政治科学家在国际制度分析方面所发挥的作用。但他们对国际关系理论的影响微乎其微。

12　G. John Ikenberry, *After Victory: Institutions, Strategic Restraint, and the Rebuilding of Order after Major Wars* (Princeton, 2001)，及其 *Liberal Order and Imperial Ambition* (London, 2006)。也有作品明确表达了对联合国的怀疑，参阅，例如 Ikenberry and Slaughter, *Forging a World of Liberty*。斯劳特（Slaughter）是《真正的新世界秩序》一文作者，参阅 "The Real New World Order," *Foreign Affairs* 76: 5 (Sept–Oct. 1997): 183–198，并且这一论点在其《新世界秩序》一书中得到了扩展，参阅 *A New World Order* (Princeton, 2004)。

13　Ikenberry, "Illusions of Empire: Defining the New American Order," *Foreign Affairs* 83:2 (Mar.–Apr. 2004):144–155. 对民主和平理论的知识谱系的批判，请参阅 B. Jahn, "Classical Smoke, Classical Mirror: Kant and Mill in Liberal International Relations Theory," in *Classical Theory in International Relations*, ed. Jahn (Cambridge, 2006), 178–207. 关于现代性的单一路径，请参阅 D. Deudney and G. John Ikenberry, "The Myth of the Autocratic Revival: Why Liberal Democracy Will Prevail," *Foreign Affairs* 88:1 (Jan/Feb 2009): 77–94. 关于多边主义和民主的相容性，请参阅 R. Keohane, S. Macedo, and A. Moravcsik, "Democracy-enhancing Multilateralism," *International Organization* 63 (winter 2009): 1–31。

14　G. John Ikenberry, T. J. Knock, A.-M. Slaughter, and T. Smith, *The Crisis of American Foreign Policy: Wilsonianism in the TwentyFirst Century* (Princeton, 2009).

15　请参阅 A. Smith, *America's Mission: The United States and the Worldwide Struggle for Democracy* (Princeton, 1994), chapters 1–4; E. Manela, *The Wilsonian Moment: Self-Determination*。此外，《反殖民民族主义的国际起源》描述了国际社会对威尔逊及其思想信心的起落。请参

阅 *International Origins of Anticolonial Nationalism* (Oxford, 2007)。

16 C. Eichelberger, *Organizing for Peace* (London, 1977). Andrew Williams, *Failed Imagination? New World Orders of the Twentieth Century* (Manchester, 1998), 96 (Dulles), 130–131 on the Chatham House group, 189–191 on the State Department; Reynolds and Hughes, eds., *Historian as Diplomat*, 28–29. 瓦茨（D. C. Watts）评论了 1918—1919 年间和 1939—1945 年间英国政策规划者之间思想的连续性，请参阅 D. C. Watt, "Every War Must End: Wartime Planning for Postwar Security in Britain and America in the Wars of 1914–1918 and 1939–1945: The Role of Historical Example and of Professional Historians," *Transactions of the Royal Historical Society* 28 (1978): 159–173；N. Mansergh, *Survey of British Commonwealth Affairs* (Oxford, 1958), 308。E. J. 休斯分析了丘吉尔缺乏支持的情况以及他基本上支持国联的态度，请参阅 E. J. Hughes, "Winston Churchill and the Formation of the United Nations Organization," *Journal of Contemporary History* 9:4 (Oct. 1974): 177–194。

17 《纽约时报》引用 R. 迪万的话，请参阅 R. Divine, *Second Chance: The Triumph of Internationalism in America during World War II* (New York, 1971), 228。

18 Ruth B. Russell, *A History of the United Nations Charter: The Role of the United States, 1940–1945* (Washington, DC, 1958), 195; M. Hankey, *Diplomacy by Conference: Studies in Public Affairs, 1920–1946* (London, 1946), 121. 总体情况，请参阅 A. Grigorescu, "Mapping the UN–League of Nations Analogy: Are There Still Lessons to Be Learned from the League?" *Global Governance* 11 (2005): 25–42。

19 Russell, *History of the UN Charter*; H. Notter, *Postwar Foreign Policy Preparation, 1939–1945* (Washington, 1949).

20 W.E.B. DuBois, "Prospects of a World without Race Conflict," *American Journal of Sociology* 49:5 (March 1944): 450.

21 斯汀生引自 Stimson cited in Williams, *Failed Imagination?* 84。

22 V. Pavone, *From the Labyrinth of the World to the Paradise of the Heart: Science and Humanism in UNESCO's Approach to Globalization* (Lanham, MD, 2008), 71–72.

注释

23 Reynolds and Hughes, eds., *Historian as Diplomat*, 68.

24 请参阅 H. McKinnon Wood, "Notes on the Question of Domestic Jurisdiction under the Charter of the United Nations," *British Documents on Foreign Affairs*, series IV: M:2 (1946) (Bethesda, MD, 2002), 281–283。

第一章 扬·史末资和帝国国际主义

1 *Documents of the UN Conference on International Organisation* (London, 1945), I, 420-426.

2 J. A. Hobson, "The Scientific Basis of Imperialism," *Political Science Quarterly* 17:3 (Sept. 1902): 489; D. Bell, "Democracy and Empire: Hobson, Hobhouse, and the Crisis of Liberalism," in *British International Thinkers from Thomas Hobbes to Lewis Namier*, ed. Ian Hall and Lisa Hill (Basingstoke, UK, 2009).

3 关于早期的运动，见 Duncan J. Bell, *The Idea of Greater Britain: Empire and the Future of World Order, 1860-1900* (Cambridge, 2008)。

4 S. Dubow, " Colonial Nationalism, the Milner Kindergarten, and the Rise of South Africanism, 1902-1910," *History Workshop journal* 43 (1997): 53-85. 关于背景，见 J. E. Kendle, *The Round Table and Imperial Union* (Toronto, 1975), and W. Nimocks, *Milner's Young Men: The "Kindergarten " in Edwardian Imperial Affairs* (Durham, NC, 1968)。

5 M. Lake and H. Reynolds, *Drawing the Global Colour Line: White Men's Countries and the International Challenge of Racial Equality* (Cambridge, 2008).

6 J. Smuts, *Wartime Speeches: A Compilation of Public Utterances in Great Britain* (New York, 1917), vi.

7 W. K. Hancock, *Smuts: The Sanguine Years, 1870-1919* (Cambridge, 1962), 1: 198.

8 P. Anker, *Imperial Ecology: Environmental Order in the British Empire, 1895-1945* (Cambridge, MA:, 2001), 46-47; Hancock, *Smuts: Sanguine*

Years, 1:428-431; W. K. Hancock and J. van der Poel, eds., *Selections from the Smuts Papers* (Cambridge, 1973), 5:111.

9 Hancock, *Sanguine Years*, 1:431-438, 500.

10 Ibid., 1:467.

11 Ibid., 1: 501 .

12 G . W. Egerton, *Great Britain and the Creation of the League of Nations* (Chapel Hill, 1978), 421.

13 关于伍尔夫，见 Peter Wilson, *The International Theory of Leonard Woolf: A Study in Twentieth-Century Idealism* (Basingstoke, UK, 2003), chaps. 3-4。

14 J. Smuts, *The League of Nations: A Practical Suggestion* (London, 1918); P. Yearwood, "'On the Safe and Right Lines' : The Lloyd George Government and the Origins of the League of Nations, 1916-1918," *Historical journal* 32:1 (March 1989): 131-155, 151.

15 G. Egerton, *Great Britain and the Creation of the League of Nations* (Chapel Hill, NC, 1978), 103-107; P. Raffo, "The AngloAmerican Preliminary Negotiations for a League of Nations," *Journal of Contemporary History*, 9:4 (Oct. 1974) : 153-176.

16 George Curry, "Woodrow Wilson, Jan Smuts, and the Versailles Settlement," *American Historical Review* 66:4(July 1961): 968-986.

17 这方面的杰作是 T. Knock, *To End All Wars: Woodrow Wilson and the Quest for a New World Order* (Oxford, 1992) 。

18 V. Rothwell, *British War Aims and Peace Diplomacy*, 1914-1918 (Oxford, 1971), 212.

19 Egerton, *Great Britain and the Creation*, 118; cf. Knock, *To End All Wars*, 201-207.

20 Kendle, *Round Table*, 256-257; W. Roger Louis, "The Repartition of Africa" and "The United States and the Colonial Settlement of 1919," reprinted in Roger Louis, *Ends of British Imperialism* (London, 2006), 205-225, 225-251; Knock, *To End All Wars*, 214-216.

21 E. Haas, "The Reconciliation of Conflicting Colonial Policy Aims: Acceptance of the League of Nations Mandate System," *International Organization* 6:4 (Nov. 1952): 321-336.

22 Louis, "Repartition of Africa," 208.

23 Louis, *Ends of British Imperialism*, 198-199; Hancock, *Sanguine Years*, 1:507.

24 Smuts, *Wartime Speeches* (New York, 1917), 75.

25 Ibid., 77.

26 W. K. Hancock, *Smuts: The Fields of Force, 1919-1950* (Cambridge, 1968), 2:56-57.

27 L. Stoddard, *The Rising Tide of Color against White World Supremacy* (New York, 1920), 1-6.

28 Ibid., 89; 关于斯托达德的亚洲读者，见 Aydin, *The Politics of Anti-Westernism in Asia* (New York, 2007), 150。

29 R. Hyam, *The Failure of South African Expansion*, 1908-1948 (New York, 1972), chap. 1; Louis, *Ends of British Imperialism*, 109; Hancock, *Sanguine Years*, 1:223, 189.

30 T. H. R. Davenport, *South Africa: A Modern History* (London, 1977), 233-235, 252-253; Hancock, *Fields of Force*, 2: 117; Robert M. Maxon, "The Devonshire Declaration: The Myth of Missionary Intervention," *History in Africa* 18 (1991): 259-271; S. Dubow, *Racial Segregation and the Origins of Apartheid in South Africa, 1919-1936* (London, 1989), 4.

31 Hancock, *Sanguine Years*, 1:284; Hancock and van der Poel, eds., *Smuts Papers*, 5:35.

32 Donald Birn, *The League of Nations Union, 1918-1945* (Oxford, 1981), 123.

33 Anker, *Imperial Ecology*; J. Morefield, *Covenants without Swords: Idealist Liberalism and the Spirit of Empire* (Princeton, NJ, 2005), chap. 3; Hancock and van der Poel, eds., *Smuts Papers*, 5:439.

34 Hancock and van der Poel, eds., *Smuts Papers*, 5:511.

35 W. Roger Louis, *Imperialism at Bay: The United States and the Decolonization of the British Empire, 1941-1945* (Oxford, 1978), 318; Hyam, *Failure of South African Expansion*, 198.

36 Hyam, *Failure of South African Expansion*, 191.

37 Hancock, *Sanguine Years*, 1:371; Hancock and van der Poel, eds., *Smuts Papers*, 6:331-343.

38 Hancock and van der Poel, eds., *Smuts Papers*, 6:456-469; S. Gish,

没有魔法官

Alfred B. Xuma: African, American, South African (New York, 2000), 121-127; Louis, *Imperialism at Bay*, 106, 172, 219, 337-342.

39 J. Smuts, *Toward a Better World* (New York, 1944), 233, 245; Hancock and van der Poel, eds., *Smuts Papers* (Dec. 1934-August 1945), 6:269-274.

40 出色的第一手讨论见 Clark Eichelberger, *Organizing for Peace: A Personal History of the Founding of the United Nations* (London, 1977)。关于联邦，见 R. Hillmann," Quincy Wright and the Commission to Study the Organisation of the Peace," *Global Governance* 4:4 (Oct-Dec 1998); 关于艾默里，见 C. Brewin, "Arnold Toynbee, Chatham House, and Research in a Global Context," in *Thinkers of the Twenty Years' Crisis: Interwar Idealism Revisited*, ed. D. Long and P. Wilson (Oxford, 1991), 291。

41 R. C. Hilderbrand, *Dumbarton Oaks: The Origins of the United Nations and the Search for Postwar Security* (Chapel Hill, NC, 1990), 226-227; 概述见 R. H. Russell, *A History of the United Nations Charter: The Role of the United States, 1940-1945* (Washington, DC, 1958); Churchill in E. J. Hughes, "Winston Churchill and the Formation of the United Nations Organization," *Journal of Contemporary History* 9:4 (Oct. 1974): 190.

42 Russell, *History*, 43.

43 P. A. Reynolds and E. J. Hughes, *The Historian as Diplomat: Charles Kingsley Webster and the United Nations, 1939-1946* (London, 1976), 57.

44 T. Hoopes and D. Brinkley, *FDR and the Creation of the United Nations* (New Haven, CT, 1997), 204.

45 H. Aptheker, ed., *Correspondence of W. E. B. DuBois: Selections, 1944-1963* (Amherst, MA, 1997), 24-25, 39.

46 *Documents of the UNCIO* (New York, 1945), 1:233-234, 710-711; M. Sherwood, "There is No New Deal for the Blackman in San Francisco: African Attempts to Influence the Founding Conference of the United Nations, April-June 1 945," *International Journal of African Historical Studies*, 29:1 (1 996): 90-93; 关于联合国和殖民地，见 Russell, *History*, 808-824。R. Normand and S. Zaidi, eds., *Human Rights at*

the UN: The Political History of Universal Justice (Indiana, 200 8) , 127-135; also P. Orders, "Adjusting to a New Period in World History: Franklin Roosevelt and European Colonialism," and V. Pungong, "The US and the International Trusteeship System," in *The US and Decolonisation*, ed. M. Ryan and V. Pungong (New York, 2000), 63-84, 85-101 .

47 Reynolds and Hughes, *Historian a s Diplomat*, 69-71.

48 S. Dubow, "Smuts, the United Nations and the Rhetoric of Race and Rights," *Journal of Contemporary History* 43: 1 (2008): 43-72, esp. 56-57.

49 W. K. Hancock, *Sanguine Years*, 1:55-56; 关于背景, 见 Louis, *Imperialism at Bay*, chap. 34。

第二章 阿尔弗雷德·齐默恩和自由主义帝国

1 On Zimmern, see D. J. Markwell, "Sir Alfred Zimmern Revisited: Fifty Years On," *Review of International Studies* 12 (1986): 279–292; J. Morefield, *Covenants without Swords: Idealist Imperialism and the Spirit of Empire* (Princeton, 2005); P. Rich, "Alfred Zimmern's Cautious Idealism: The League of Nations, International Education and the Commonwealth," in *Thinkers of the Twenty Years' Crisis: Interwar Idealism Reconsidered*, ed. D. Long and P. Wilson (Oxford, 1995), 79–100. Polly Low, *Interstate Relations in Classical Greece: Morality and Power* (Cambridge, 2007), 弗兰克·特伦特曼也有一些有益的思考，请参阅 Frank Trentmann, "After the Nation-State: Citizenship, Empire, and Global Coordination in the New Internationalism, 1914–1930," in *Beyond Sovereignty: Britain, Empire and Transnationalism, c1880–1950*, ed. K. Grant, P. Levine, and F. Trentmann (New York, 2007), 34–54。

2 A. Zimmern, *The Greek Commonwealth: Politics and Economics in Fifth Century Athens* (New York, 1961 [1911]), 19–20；也可参阅 J. Stapleton, "Gilbert Murray and Alfred Eckhard Zimmern," in *Gilbert Murray Reassessed: Hellenism, Theatre, and International Politics,* ed.

C. Stray (Oxford, 2007), 261–293.

3　*Greek Commonwealth,* 191–196.

4　莫尔菲尔德的优秀作品进行了很好的讨论，请参阅 J. Morefield, *Covenants without Swords*, 68–73；有关背景的讨论，请参阅 Sandra M. Den Otter, *British Idealism and Social Explanation* (Oxford, 1996); and Frank Turner, *The Greek Heritage in Victorian Britain* (New Haven, 1981), 366–367. M. Richter, *The Politics of Conscience: T. H. Green and His Age* (Cambridge, MA, 1964). 请参阅 J. H. Muirhead, *Chapters from Aristotle's Ethics* (Oxford, 1900)："个人的利益永远不应与他所属的整体利益分开——伦理也不应与政治分开。"

5　Cited in R. L. Nettleship, *Memoir of Thomas Hill Green* (London, 1906), 238. 也可参阅 D. Bell and C. Sylvest, "International Society in Victorian Political Thought: T. H. Green, Herbert Spencer, and Henry Sidgwick," *Modern Intellectual History* 3:2 (2006): 207–238。

6　John A. Hobson, *Imperialism, A Study* (London, 1902), chap.4; 有关牛津大学相关人员对帝国态度的转变，请参阅 R. Symonds, *Oxford and Empire: The Last Lost Cause?* (Basingstoke, 1986)。

7　G. Murray, "The Exploitation of Inferior Races in Ancient and Modern Times," in *Liberalism and the Empire*, ed. F. Hirst, G. Murray, and J. L. Hammond (London, 1900), 118–157.

8　D. Gorman, "Lionel Curtis, Imperial Citizenship, and the Quest for Unity," *The Historian* 66 (2004): 67–96.

9　请参阅 J. E. Kendle, *The Round Table and Imperial Union* (Toronto, 1975), 171–173。珍妮·莫尔菲尔德提供了精妙而详细的分析，请参阅 Jeanne Morefield, "'An Education to Greece': The Round Table, Imperial Theory and the Uses of History," *History of Political Thought* 28:2 (2007): 328–361。

10　Stray, ed., *Gilbert Murray*, 12–13; Peter Wilson, *The International Theory of Leonard Woolf: A Study in Twentieth-Century Idealism* (Basingstoke, UK, 2003), 44–51.

11　G. K. Peatling, "Globalism, Hegemonism, and British Power: J. A. Hobson and Alfred Zimmern Reconsidered," *History* 89:295 (2004): 381–398; Morefield, *Covenants without Sword*, 145–146; Kendle, *Round Table Movement*, 224–227 (on India).

12 Kendle, *Round Table,* 253; A. Zimmern, *Nationality and Government* (New York, 1918), 355.

13 Knock, *To End All Wars*, 3. 感谢史蒂芬·韦特海姆（Stephen Wertheim）与我分享了他的想法。

14 请参阅 A. Sharp, "Some Relevant Historians—The Political Intelligence Department of the Foreign Offi ce, 1918–1920," *Australian Journal of Politics and History* 34:3 (1989): 359–368。

15 A. Zimmern, *The League of Nations and the Rule of Law, 1918–1935* (London, 1936), 160–178.

16 请参考 Zimmern's essays in *Nationality and Government* (New York, 1918)。

17 Ibid., 193–211.

18 Kendle, *Round Table,* 255.

19 有关威尔斯的思想，请参阅 J. S. Partington, *Building Cosmopolis: The Political Thought of H. G. Wells* (London, 2003)。

20 P. Yearwood, "'On the Safe and Right Lines': The Lloyd George Government and the Origins of the League of Nations, 1916–1918," *Historical Journal* 32:1 (March 1989): 131–55; P. Rich, "Alfred Zimmern's Cautious Idealism," in *Thinkers of the Twenty Years' Crisis*, 79–100.

21 Kendle, *Round Table,* 256.

22 Peatling, "Globalism, Hegemonism, and British Power," 391 (Zimmern-Hobson, 29 Sept. 1916).

23 Stapleton, "Gilbert Murray and Alfred Eckhard Zimmern," 281.

24 A. Zimmern, *Europe in Convalescence* (New York, 1922), 214–219.

25 A.Oslander, "Rereading Early Twentieth-Century IR Theory: Idealism Revisited," *International Studies Quarterly* 42:3 (1998): 419.

26 A. Zimmern, *The League of Nations and the Rule of Law, 1918–1935* (London, 1936), 278.

27 J. Darwin, "A Third British Empire? The Dominion Idea in Imperial Politics," *Oxford History of the British Empire* (Oxford, 1998), 69–72.

28 A. Zimmern, *The Third British Empire: Being a Course of Lecture Delivered at Columbia University, New York* (London, 1926).

29 Ibid., 60–92.

没有魔法官

30 请参阅科特曼对齐默恩的评论：J. Coatman, *The Third British Empire,*
    3d ed. (1934), *International Affairs* 14:3 (May–June 1935), 419–420.

31 Oslander, "Rereading Early Twentieth-Century IR Theory," 409–432.

32 I. Parmar, "Anglo-American Elites in the Interwar Years: Idealism and
    Power in the Intellectual Roots of Chatham House and the Council on
    Foreign Relations," *International Relations* 16: 1(Apr. 2002), 53–75;
    有关此类教育工作的案例，请参阅 A. Zimmern, ed., *University
    Teaching of International Relations: A Record of the Eleventh Session
    of the International Studies Conference, Prague 1938* (Paris, 1939)。

33 P. Wilson, "The Myth of the First Great Debate," *Review of
    International Studies* 24:5 (1998): 1–15; J. Quirk and D. Vigneswaran,
    "The Construction of an Edifice: The Story of a First Great Debate,"
    Review of International Studies (2005) 31: 89–107; R. Rich,
    "Reinventing Peace: David Davies, Alfred Zimmern, and Liberal
    Internationalism in Interwar Britain," *International Relations* 16
    (2002): 117–133.

34 H. De Capello, "The Creation of the United Nations Educational,
    Scientific, and Cultural Organization," *International Organization*
    24:1 (winter 1970): 1–30; F. R. Cowell, "Planning the Organization of
    UNESCO, 1942–1946: A Personal Record," *Journal of World History*
    10 (1966): 210–256.

35 A. Zimmern, "Athens and America," *Classical Journal* 43:1 (Oct.
    1947): 3–11; Zimmern, "Our Greek Augustan Age," *Classical Journal*
    46:7 (Apr. 1951): 325–54; Zimmern, *The America Road to World
    Peace* (New York, 1953).

36 Quirk and Vigneswaran, "The Construction of an Edifice."

37 有关这方面的一些初步想法，请参阅 M. Mazower, "'An
    International Civilization'？Empire, Internationalism, and the Crisis
    of the Mid-20th Century," *International Affairs* 82: 3 (2006): 553–
    566；以及 Mazower, "Paved Intentions: Civilization and Imperialism,"
    World Affairs (fall 2008)。

38 T. E. Zeiler, *Dean Rusk: Defending the American Mission Abroad*
    (Wilmington, 2000), 26–27; Paul Rich, "Alfred Zimmern's Cautious
    Internationalism: The League of Nations, International Education, and

the Commonwealth," *Thinkers of the Twenty Years' Crisis*, 79–100.

39 John Henry II and William Espinosa, "The Tragedy of Dean Rusk," *Foreign Policy* 8 (autumn 1972): 166–189.

40 Zimmern, "Athens and America"; Zimmern, *American Road to World Peace* (New York, 1953), 241.

41 引自 Morefield, *Covenants without Swords*, 225，也可参阅其文章 "Empire, Tragedy, and the Liberal State in the Writings of Niall Ferguson and Michael Ignatieff," *Theory and Event* 11:3 (2008)。

42 A.-M.Slaughter, "America's Edge: Power in the Networked Century," *Foreign Affairs* (Jan–Feb. 2009).

第三章　国家、难民和领土：犹太人和纳粹新秩序的教训

1 M. Levene, "Nationalism and its Alternatives in the International Arena: The Jewish Question at Paris, 1919," *Journal of Contemporary History* 28 (1993): 511–531；and Levene, *War, Jews, and the New Europe: The Diplomacy of Lucien Wolf, 1914–1919* (Oxford, 1992)；经典研究，请参阅 I. Claude, *National Minorities: An International Problem* (Cambridge, MA, 1955)。

2 L. Holborn, "The Legal Status of Political Refugees, 1920–1938," *American Journal of International Law* 32:4 (Oct. 1938): 680–703; C. Skran, *Refugees in Interwar Europe: The Emergence of a Regime* (Oxford, 1995).

3 战争期间，LGC 没什么存在感，但它将在战后国际难民组织的形成中发挥作用，请参阅 "Intergovernmental Committee on Refugees," *International Organization* 1:1 (Feb. 1947): 144–145。

4 N. Smith, *American Empire: Roosevelt's Geographer and the Prelude to Globalization* (California, 2004), 295–296; R. Medoff, *Zionism and the Arabs: An American Jewish Dilemma, 1898–1948* (London, 1997), 85. 也可参阅 A. Bashford, "Population, Geopolitics and International Organizations in the Mid Twentieth Century," *Journal of World History* 19:3 (Sept. 2008): 327–348。

5 Henry Field, *"M" Project for FDR: Studies in Migration and Settlement*

(Ann Arbor, MI, 1962), 1–3; Medoff, *Zionism and the Arabs*, 86.

6   Medoff, *Zionism and the Arabs*, 127–139.

7   有关简要档案，请参阅 "Eugene Kulischer," *Population Index* 22:2 (Apr. 1956): 100。

8   Kulischer, *Europe on the Move*, 25, 242–246, 324–325; Eugene M. Kulischer and A. J. Jaffe, "Notes on the Population Theory of Eugene M. Kulischer," *Milbank Memorial Fund Quarterly* 40:2 (Apr. 1962): 187–206; cf. Kulischer, *Jewish Migration—Past Experience and Postwar Prospects* (New York, 1943).

9   谢克特曼以前的著作包括：关于犹太自治的俄国内战期间反犹太人的暴力史，以及对他所称的中东"犹太民族统一运动"的研究。

10   J. Schechtman, *European Population Transfers, 1939–1945* (New York, 1946), 451–52, 454; 请参阅普林斯顿大学人口统计学家艾琳·托伊伯（Irene Taeuber）的反人口迁移观点：Irene Taeuber, "Population Displacements in Europe," *Annals of the American Academy of Political and Social Science* 234 (July 1944): 1–12。

11   J. Schechtman and Y. Benari, *History of the Revisionist Movement*, vol. 1 (1925–30) (Tel Aviv, 1970).

12   L. Weinbaum, *A Marriage of Convenience: The New Zionist Organization and the Polish Government, 1936–1939* (Boulder, CO, 1993), chap. 8, 178.

13   H. Rosenblum, "Promoting an International Conference to Solve the Jewish Problem: The New Zionist Organization's Alliance with Poland, 1938–1939," *Slavonic and East European Review* 69:3 (July 1991): 478–501; J. Schechtman, Fighter and Prophet: The Vladimir Jabotinsky Story, vol. 2, *The Last Years* (New York, 1961), esp. 337.

14   V. Jabotinsky, *The Jewish War Front* (London, 1940), 28, 87, 187, 212.

15   Schechtman, *Fighter and Prophet*, 2:352–353.

16   D. Hacohen, "Ben Gurion and the Second World War: Plans for Mass Immigration to Palestine," *Studies in Contemporary Jewry* 7 (1991): 247–268; W. Roger Louis, *Imperialism at Bay: The United States and the Decolonization of the British Empire, 1941–45* (New York, 1978), 58–59.

注释

17 R. Medoff, *Zionism and the Arabs*; on the broader transformation in Zionist thought, Y. Weitz, "Jewish Refugees and Zionist Policy during the Holocaust," *Middle Eastern Studies* 30:2 (Apr. 1994), 351–368.

18 H. Morgenthau, review of "Were the Minorities Treaties a Failure?" *Journal of Modern History* (1944): 236–237; 有关摩根索的讨论，请参阅 N. Guilhot, "The Realist Gambit: Postwar American Political Science and the Birth of IR Theory," *International Political Sociology* 2:4 (Dec. 2008): 281–304。

19 W. Friedmann, "The Disintegration of European Civilization and the Future of International Law," *Modern Law Review* (Dec. 1938): 194–214.

20 "International Law in Development: Discussion on the Redrafted Report of the Committee," *Transactions of the Grotius Society* 27 (Problems of Peace and War) (1941): 252–288.

21 莱姆金的论文，未出版的回忆录草稿，纽约公共图书馆。

22 A. Kochavi, *Prelude to Nuremberg: Allied War Crimes Policy and the Question of Punishment* (Chapel Hill, NC, 1998), 165–170, 222–230.

23 J. Cooper, *Raphael Lemkin and the Struggle for the Genocide Convention* (New York, 2008).

24 Ibid., 158–159.

25 H. Lauterpacht, *International Law and Human Rights* (New York, 1950), 35–36; M. Caloyanni, "Memorandum on International Criminal Legislation and Peace," *Revue Internationale de Droit Penal* 17 (1946): 305–332, and "Le proces de Nuremberg et l'avenir de la Justice penale international," *Revue de Droit International, de Sciences Diplomatiques et Politiques* 24 (Oct.–Dec. 1946): 174–182.

26 M. Siegelberg, "Contending with the Ghosts of the Past: Raphael Lemkin and the Origins of the Genocide Convention," *Columbia Undergraduate Journal of History* 1:1 (January 2006): 30–48.

27 N. Masalha, *The Expulsion of the Palestinians: The Concept of "Transfer" in Zionist Political Thought, 1882–1948* (Washington, DC, 1992); B. Morris, *The Birth of the Palestinian Refugee Problem Revisited* (Cambridge, 2004), 39–65.

28 R. Medoff, *Zionism and the Arabs*, 79–80; Morris, *Birth of the*

Palestinian Refugee Problem, 43; R. Khalidi, *The Iron Cage: The Story of the Palestinian Struggle for Statehood* (Boston, 2006).

29 R. Medoff, *Zionism and the Arabs*, 104–105, 119–120; C. Weizmann, "Palestine's Role in the Solution of the Jewish Problem," *Foreign Affairs* 20:2 (1942): 324–338; Morris, *Birth of the Palestinian Refugee Problem*, 54–55.

30 R. Medoff, *Zionism and the Arabs*, 81–82, 115–117, 119–120.

31 Schechtman, *Fighter and Prophet*, 2:324–325; N. Masalha, *Expulsion of the Palestinian*, 29.

32 Medoff, *Zionism and the Arabs*,125–126; Borgwardt, *A New Deal for the World*.

33 R. Medoff, *Militant Zionism in America: The Rise and Impact of the Jabotinsky Movement in the United States, 1926–1948* (Alabama, 2002), 214–215.

34 B. Morris, "Yosef Weitz and the Transfer Committee, 1948–49," *Middle East Studies* 22:4: 522–526, 530, 547; R. Medoff, *Zionism and the Arabs*, 149–151.

35 I. Claude, *National Minorities*, chap. 12.

36 J. Schechtman, *Population Transfers in Asia* (New York, 1949), 84–142, 84, 86, 131, 134; Schechtman, "Decline of the International Protection of Minority Rights," *Western Political Quarterly* 4:1 (March 1951): 1–11.

37 D. Armitage, *The Declaration of Independence: A Global History* (Cambridge, MA, 2007), 137. 尽管赫希·劳特帕赫特（Hersch Lauterpacht）等学者认为，根据国际法，承认新国家已成为一个集体决定的问题，但事实上，1919 年以后，国联在承认新国家方面的参与要比联合国直接得多。有关 1940 年代末关于这一点以及劳特帕赫特的格劳秀斯式安排失败的辩论，请参阅 T. Grant, *The Recognition of States: Law and Practice in Debate and Evolution* (New York, 1999), 123–128。

38 阿普特（D. E. Apter）等指出了独立后泛非主义的政治弱点，请参阅 D. E. Apter and J. S. Coleman, "Pan-Africanism or Nationalism in Africa," in *Pan-Africanism Reconsidered*, ed. S. Allen (Berkeley, 1962), 81–116；关于中东国家的转型，请参阅 B. Maddy-Weitzman,

The Crystallization of the Arab State System, 1945–1954 (Syracuse, 1993)。

39 M. Dudziak, Cold War, Civil Rights: Race and the Image of American Democracy (Princeton, 2000), 44–45.

40 Hersch Lauterpacht, International Law and Human Rights (New York, 1950), 279.

第四章　尼赫鲁与全球联合国的出现

1 L. Goodrich, "From League of Nations to United Nations," International Organization 1:1 (Feb. 1947), 3–17; J. Kunz, "The Secretary-General on the Role of the United Nations," American Journal of International Law 52:2 (April 1958): 302.

2 E. Korovin, "The Second World War and International Law," American Journal of International Law 40:4 (Oct. 1946): 742–755.

3 R. H. Russell, A History of the United Nations Charter: The Role of the United States, 1940–1945 (Washington, DC, 1958), 823–824; 关于托管制度的讨论，请参阅 L. Goodrich, E. Hambro, and A. P. Simons, Charter of the United Nations: Commentary and Documents (New York, 1969), chap. 12；有关族群方面的讨论，请参阅 R. J. Kozicki, "The UN and Colonialism," in The Idea of Colonialism, ed. R. Strausz-Hope and Harry Hazard (New York, 1958), 383–430。

4 Katherine Courney cited in Birn, League of Nations Union, 223; Bidault in M. Dockrill, ed., British Documents on Foreign Affairs (hereafter BDFA), Part IV: series M [International Organisations, Commonwealth Affairs and General], vol. 1 (University Publications of America), 233. 关于更广泛的讨论，请参阅 E. J. Hughes, "Winston Churchill and the Formation of the United Nations Organization," Journal of Contemporary History 9:4 (Oct. 1974): 177–194, 188。

5 Welles, in N. Smith, American Empire: Roosevelt's Geographer and the Prelude to Globalization (California, 2004), 356.

6 P. Henshaw, "South African Territorial Expansion and the International Reaction to South African Racial Policies, 1939–1948," South African

Historical Journal 50 (May 2004), 69–70; 对于非裔美国人的反应，请参阅 P. M. von Eschen, *Race against Empire: Black Americans and Anticolonialism, 1937–1957* (Ithaca, NY, 1997), 61。

7 Dockrill, ed. *BDFA*, IV, M v. 1, 247–249.

8 M. Crowder, "Tshekedi Khama, Smuts, and South-West Africa," *Journal of Modern African Studies* 25:1 (1987), 25–42, 42; P. Henshaw, "South African Territorial Expansion."

9 L. Lloyd, "'A Family Quarrel': The Development of the Dispute over Indians in South Africa," *Historical Journal* 34:3 (Sept. 1991): 703–725, 706; B. Pachai, *The International Aspects of the South African Indian Question, 1860–1971* (Cape Town, 1971), 26; Curtis in T. Gorman, "Lionel Curtis, Imperial Citizenship, and the Quest for Unity," *The Historian* 66 (2004): 83.

10 L. Lloyd, "'A Family Quarrel,'" 703–725.

11 Pachai, *International Aspects of the South African Indian Question*, 170–172.

12 *Collected Works of Mahatma Gandhi* (下简称为 *CWMG*), 79: 16 July 1940–27 December 1940, 289.

13 *Harijan*, 13-10-1940, cited in *CWMG*, 79, 288–290.

14 *Bombay Chronicle* cited in C. Thorne, *The Issue of War: States, Societies, and the Far Eastern Conflict of 1941–1945* (London, 1985), 163. 也可参阅 M. Lake and H. Reynolds, *Drawing the Global Colour Line: White Men's Countries and the International Challenge of Racial Equality* (Cambridge, 2008), chap.14。

15 E. Manela, *The Wilsonian Moment: Self-Determination and the International Origins of Anticolonial Nationalism* (Oxford, 2007); C. Aydin, *The Politics of Anti-Westernism in Asia: Visions of World Order in Pan-Islamic and Pan-Asian Thought* (New York, 2007); Thorne, *The Issue of War*, 178–179.

16 Documents in T. R. Sareen, ed., *Subhas Chandra Bose and Nazi Germany* (New Delhi, 1996), 311–317.

17 T. R. Sareen, "Subhas Chandra Bose, Japan, and British Imperialism," *European Journal of East Asian Studies* 3:1 (2004): 69–97.

18 "International Contacts," in *Essential Writings of J Nehru*, ed. S.

Gopal and U. Iyengouri (Oxford, 2003), 200, and "India and the World" [1936] , 206.

19 有关尼赫鲁国际思想的不同解释，请参阅 M. Bhagavan, "A New Hope: India, the United Nations, and the Making of the Universal Declaration of Human Rights," *Modern Asian Studies* (2008): 1–37; 要探究尼赫鲁民族主义的国内含义，请参阅 P. Chatterjee, "The Moment of Arrival: Nehru and the Passive Revolution," in his *Nationalist Thought and the Colonial World* (Minnesota, 1993), 131–167。

20 "A World Federation" [1939] *Essential Writings of J Nehru*, 216–217, and "A Real Commonwealth," ibid., 218–219; Gopal, ed., *Selected Works of J Nehru*, 1:443–444.

21 "Colonialism Must Go," in Gopal and Iyengouri, eds., *Essential Writings of J Nehru*, 222–225.

22 Gopal and Iyengouri, ed., *Selected Works of J Nehru*, 1:438–440. 450–451, 503.

23 Lloyd, "'A Family Quarrel,'" 718.

24 N. Mansergh, ed., *The Transfer of Power*, 1942–47, 12 vols. (London, 1970–1983), 8:21–22, 91, 139–141, 194.

25 John Darwin, "'A Third British Empire'? The Dominion Idea in Imperial Politics," *Oxford History of the British Empire* (Oxford, 1998), 66–86：也可参阅 L. Lloyd, "Britain and the Transformation from Empire to Commonwealth: The Significance of the Immediate Postwar Years," *Round Table* 343 (July 1997): 333–360, and Lloyd with A. James, "The External Representation of the Dominions, 1919–1948: Its Role in the Unraveling of the British Empire," *British Year Book of International Law* (Oxford, 1997), 479–501.

26 Mansergh, ed., *Transfer of Power*, 8:400–401, 714–715, 849–852, 858–861.

27 Lloyd, "'A Family Quarrel,'" 719.

28 Ibid., 719–721.

29 Mansergh, ed., *Transfer of Power*, 7:771–772.

30 Pachai, *International Aspects of the South African Indian Question*, 191–192.

31 Russell, *History*, 908.

32 R. J. Moore, *Escape from Empire: The Attlee Government and the Indian Problem* (Oxford, 1983), 188–199. 在是否接纳佛朗哥的西班牙成为联合国成员国的辩论中可以看出，国内管辖权条款显然比大多数联合国大会成员国期待的要弱。关于该政权的性质是否妨碍其成为联合国成员，请参阅 L. Goodrich, "The United Nations and Domestic Jurisdiction," IO 3:1 (Feb. 1949): 14–28 ; Pachai, *International Aspects of the South African Indian Question*, 192。

33 Gopal and Iyengouri, ed., *Selected Works of J Nehru*, 1:437.

34 Dockrill, *BDFA*, series IV, M, vol. 2 (2002): 281–87; Dockrill, *BDFA*, series IV, M, vol. 4 (2001): 115–117, 211; R. Wilson, "Some Question of Legal Relations between Commonwealth Members," *American Journal of International Law* 51:3 (July 1957): 611–617.

35 Lloyd, "'A Family Quarrel,'" 724; Lloyd, "'A Most Auspicious Beginning" : The 1946 United Nations General Assembly and the Question of the Treatment of Indians in South Africa," *Review of International Studies* 16:2 (April 1990): 153.

36 Gopal and Iyengouri, ed., *Selected Works of J Nehru*, 1:468.

37 W. K. Hancock and J. van der Poel, eds., *Selections from the Smuts Papers* (Cambridge, 1973), 6:16, 20, 33.

38 Ibid., 46–47 [3/46] , 80.

39 Ibid., 101, 111–113 [27/10.46] 12/46, 120–130.

40 Government of India, Ministry of External Affairs, *Question of the Treatment of Indians of South Africa before the United Nations: Verbatim Record of 106th to 112th Meetings of the First Committee held in November 1947* (New Delhi, 1948), 25–28, 45–47, 75–76.

41 Ibid., 13–19, 120–121.

42 Dockrill, ed., *BDFA*, series M, vol. 5 (2002), 237.

43 T. Hovet, *Africa in the United Nations* (Evanston, IL, 1963), 8.

44 Pachai, *International Aspects of the South African Indian Question*, 259.

45 Deshingkar, "Construction of Asia in India," 176–78; G. Krishna, "India and the International Order: Retreat from Idealism," in *The Expansion of International Society*, ed. H. Bull and A. Watson (Oxford,

1984), 269–289.

46　有关国际反殖民主义角色转变的启发性案例研究，请参阅 M. Connelly, *A Diplomatic Revolution: Algeria's Fight for Independence and the Origins of the Post– Cold War Era* (Oxford, 2002)。

结语　主权大获全胜的时代，联合国往何处去？

1　S. Tetsua, "The Political Discourse of International Order in Modern Japan, 1868–1945," *Japanese Journal of Political Science* 9:2 (2009), 233–249, 239.

2　W. Roger Louis, *Imperialism at Bay* (Oxford, 1978), 247.

3　Bevin in M. Dockrill, ed., *BDFA*, series IV: M, 2, 214–215, 237–242.

4　G. Kennan, *Memoirs (1925–1950)* (New York, 1969), 229–232; 对于美国试图利用联合国的批评，请参阅 H. Morgenthau, "The New United Nations and the Revision of the Charter," *Review of Politics* 16:1 (Jan. 1954): 3–21。

5　Cited in Thomas Knock, *To End All Wars: Woodrow Wilson and the Quest for a New World Order* (Princeton, 1992), 272–274; on Rusk, D. Rusk, *As I Saw It* (New York, 1990).

6　佐恩进行了一项早期研究，请参阅 L. Sohn, "Expulsion or Forced Withdrawal from an International Organization," *Harvard Law Review* 77:8 (Jun. 1964): 1381–1425。

7　A. J. Hotz, "The United Nations since 1945: An Appraisal," *Annals of the American Academy of Political and Social Science* 336 (July 1961): 134.

8　H. Bull, "What Is the Commonwealth?" *World Politics*: 577– 587, 579.

一頁 folio

始于一页，抵达世界

Humanities · History · Literature · Arts

出品人　　范 新

品牌总监　　恰 恰

版权总监　　吴攀君

印制总监　　刘玲玲

营销总监　　张 延

封面设计　　山川制本 workshop

内文制作　　燕 红

Folio (Beijing) Culture & Media Co., Ltd.
Bldg. 16C, Jingyuan Art Center,
Chaoyang, Beijing, China 100124

官方微博：@一頁 folio | 官方豆瓣：一頁 folio | 联系我们：rights@foliobook.com.cn

一頁 folio
微信公众号